Ayşegül Aktürk

Interkulturelles Lernen im Deutschunterricht

Vorschläge zur Didaktisierung türkischer Migrantenliteratur

Igel Verlag
Erziehungswissenschaften

Ayşegül Aktürk

Interkulturelles Lernen im Deutschunterricht

Vorschläge zur Didaktisierung türkischer Migrantenliteratur

Aysegül Aktürk

Interkulturelles Lernen im Deutschunterricht

1. Auflage 2009 | ISBN: 978-3-86815- 051-139-8

© IGEL Verlag GmbH , 2009. Alle Rechte vorbehalten.

Die Deutsche Bibliothek verzeichnet diesen Titel in der Deutschen Nationalbibliografie. Bibliografische Daten sind unter http://dnb.ddb.de verfügbar.

Dieses Fachbuch wurde nach bestem Wissen und mit größtmöglicher Sorgfalt erstellt. Im Hinblick auf das Produkthaftungsgesetz weisen Autoren und Verlag darauf hin, dass inhaltliche Fehler und Änderungen nach Drucklegung dennoch nicht auszuschließen sind. Aus diesem Grund übernehmen Verlag und Autoren keine Haftung und Gewährleistung. Alle Angaben erfolgen ohne Gewähr.

Inhaltsverzeichnis

1. Einleitung 3
2. Migrantenliteratur in Deutschland: ein historischer Überblick 5
   2.1 Die Entstehung eines neuen Genres 5
      2.1.1 *Arbeiterwanderung in den 60er Jahren* 5
      2.1.2 *„Gastarbeiterliteratur" - „Literatur der Betroffenheit" - „Migrantenliteratur"* 7
   2.2 Verbreitung der Migrantenliteratur in Deutschland 10
3. Literatur türkischer Migranten in Deutschland 12
   3.1 Pioniere türkischer Migrantenliteratur 12
      3.1.1 *Aras Ören* 12
      3.1.2 *Yüksel Pazarkaya* 14
   3.2 Weitere Autoren der ersten und jüngeren Generation 15
      3.2.1 *Emine Sevgi Özdamar* 15
      3.2.2 *Osman Engin* 17
      3.2.3 *Feridun Zaimoglu* 18
4. Sprache als Spiegel der sozialen und kulturellen Gegebenheiten 20
   4.1 *Made in Germany.* Aras Ören 21
      4.1.1 *Beziehung zur Heimat - didaktische Begründung* 21
      4.1.2 *Interpretationsskizze* 23
      4.1.3 *Kulturübergreifende Darbietung des Gedichts - methodische Hinweise* 24
   4.2 *deutsche sprache.* Yüksel Pazarkaya 26
      4.2.1 *Didaktische Begründung* 26
      4.2.2 *Interpretationsskizze* 27
      4.2.3 *Methodische Überlegungen* 30
   4.3 *Mutterzunge.* Emine Sevgi Özdamar 31
      4.3.1 *Sprache als Medium der Kulturvermittlung - didaktische Begründung* 31
      4.3.2 *Interpretationsskizze* 32
      4.3.3 *Methodische Überlegungen* 35
   4.4 *Ich bin Papst.* Osman Engin 38
      4.4.1 *Reflektierte Selbst- und Fremdwahrnehmung - didaktische Begründung* 38
      4.4.2 *Satirische Relativierung von Vorurteilen und aufgezwungene Identitäten - thematische Analyse* 39
      4.4.3 *Produktive Verfahren zur Thematisierung - methodische Hinweise* 41
   4.5 *Kanak Sprak* und *Koppstoff.* Feridun Zaimoglu 42
      4.5.1 *Das Konzept* 42
      4.5.2 *Identität durch Sprache* 43
      4.5.3 *Didaktische Begründung* 44
      4.5.4 *Hybridität als Unterrichtsgegenstand - methodische Überlegungen* 46

5.	**Resümee**	**50**
5.1	Zur Sprache und Thematik der Texte	50
5.2	Zusammenfassung der Lernziele und Methoden	51
5.3	Prämissen und Folgerungen	53
6.	**Der Lehrplan und die interkulturelle Schulrealität – ein Ausblick**	**54**
7	**Literaturverzeichnis**	**57**
8.	**Anhang**	**60**
	Aras Ören: Made in Germany	60
	Yüksel Pazarkaya: deutsche sprache	60
	Emine Sevgi Özdamar: Mutterzunge	61
	Osman Engin: Ich bin Papst	65
	Feridun Zaimoglu: Der direkte Draht zum scharzen Mann	66
	Feridun Zaimoglu: Der Wissenhaber verschluckt sich nicht an Klugheit	70

1. Einleitung

> [...]ich trage zwei Welten in mir
> aber keine ist ganz
> sie bluten ständig
> die Grenze verläuft
> mitten durch meine Zunge[...][1]

Den Zahlen des statistischen Bundesamtes zufolge lebten im Jahre 2005 in der BRD rund 7,3 Millionen ausländische Bürger, davon 1.796.696 türkischstämmige Migranten. Die zunehmende kulturelle Heterogenität seit einigen Jahrzehnten und gescheiterte Integrationsversuche zogen nicht nur politische und gesellschaftliche Konflikte mit sich. Zafer Senocak, ein türkischer Autor, der seit mehreren Jahren in Deutschland lebt, spiegelt in seinem Gedicht eindrucksvoll und treffend die soziokulturelle Situation von Migranten, die zwischen „zwei Welten" ihre Identität verloren haben, wider.

Die gesellschaftlichen Veränderungen wirken sich auch auf die Schulen aus, die darauf reagieren müssen. Lehrkräfte werden immer mehr mit Anforderungen konfrontiert, die aus diesem gesellschaftlichen Wandel resultieren. Die kulturelle Vielfalt in der Gesellschaft stellt jedoch auch ein Potenzial dar, das neue Perspektiven, Chancen und Möglichkeiten bietet. Die Bedeutung der heranwachsenden Generation für das inter-kulturelle Miteinander muss erkannt und der Unterricht für andere Kulturen geöffnet werden. Durch das interkulturelle Lernen, das auf Toleranz und gegenseitigem Verständnis basiert, können Schüler interkulturelle Kompetenzen erwerben und im Zeitalter der Globalisierung optimal auf ihre Zukunft vorbereitet werden.

Bis heute ist trotz der offenkundigen gesellschaftlichen Veränderungen nicht hinreichend auf die Notwendigkeit einer Ausweitung des Deutschunterrichts auf interkulturelle Kontexte hingewiesen worden. Beispielhaft wird dies hier anhand einer Analyse des didaktischen Potentials türkischer Migrantenliteratur versucht. Es wird gezeigt werden, inwieweit der Einsatz solcher Stoffe im gym-

---

[1] Oomen-Welke, Ingelore (1994): *Brückenschlag*. Klett Verlag, Stuttgart. S. 313.

nasialen Deutschunterricht zum interkulturellen Lernen beitragen kann. Dazu wird zunächst auf die Hintergründe der Arbeitsmigration in Deutschland und auf die Entstehung sowie Verbreitung der Migrantenliteratur eingegangen. Die türkischstämmigen Autoren, deren literarische Werke hier für die Vermittlung im Deutschunterricht exemplarisch herangezogen werden, migrierten im Zuge der Arbeiterwanderung mit ihren Familien oder alleine nach Deutschland. Sie und ihre Werke werden in Kapitel drei zunächst grundsätzlich vorgestellt. Im Folgenden werden fünf prosaische und lyrische Texte dieser Autoren konkret thematisch analysiert und für den Deutschunterricht didaktisiert. Dabei gilt das Hauptinteresse der Sprache und der Frage, wie sich diese seit den Anfängen der „Gastarbeiterliteratur" mit den sozialen und kulturellen Gegebenheiten verändert hat. Auf Basis der gewonnenen Ergebnisse wird abschließend auf die Diskrepanz zwischen dem Lehrplankanon und der interkulturellen Schulrealität hingewiesen.

2. Migrantenliteratur in Deutschland: ein historischer Überblick

Zur Entstehung der Migrantenliteratur trugen die Arbeiterwanderung und die daraus resultierenden gesellschaftlichen Entwicklungen entscheidend bei. Max Frisch enthüllte die Realpolitik in den 60er Jahren mit seiner berühmten Aussage, dass man zwar Arbeitskräfte gerufen hatte, doch Menschen gekommen waren. Getrieben von dem „Leid, das jede Auswanderung mit sich bringt"[2], griffen einige Migranten zu Feder und Papier. Der Verlust der Heimat und der Neubeginn in der Fremde waren wichtige Hauptmotive des Schreibens.

Im Folgenden soll zunächst ein historischer Abriss zur Entstehung und Verbreitung der Migrantenliteratur gegeben werden.

2.1 Die Entstehung eines neuen Genres

2.1.1 Arbeiterwanderung in den 60er Jahren

In der Phase des wirtschaftlichen Aufschwungs um 1950 stieg der Bedarf an Arbeitskräften nicht nur in der Industrie, sondern auch in der Bauwirtschaft und im tertiären Sektor. Die nationalen Arbeitsmärkte waren jedoch nicht mehr in der Lage, den Arbeitskräftemangel durch die Freisetzung von Arbeitskräften aus der Landwirtschaft zu decken. Vor allem in Deutschland war die Nachfrage ziemlich hoch, da sich die deutsche Volkswirtschaft zur leistungsstärksten in Europa entwickelte. Um diesen hohen Bedarf zu decken, schlossen die europäischen Industrieländer Verträge mit zahlreichen wirtschaftlich schwächer entwickelten Staaten aus dem Mittelmeergebiet und holten von dort billige Arbeitskräfte mit geringer Qualifikation. Durch das Anwerbeabkommen sollte nicht nur den Industrieländern geholfen werden. Es wurde zudem erwartet, dass mit der Rückkehr von „qualifizierten" Arbeitskräften die Wirtschaft in den Herkunftsländern angekurbelt wird.

Für die einzelnen Migranten war die Wanderung nach Deutschland der einzige Ausweg aus der sozialen, wirtschaftlichen und politischen Not, die in ihren Herkunftsländern herrschte. Infolge der rapide wachsenden Bevölkerung und einer wenig entwickelten Industrie stieg in den Städten die Arbeitslosenzahl. Fehlende Investi-

---

[2] Hamm, Horst (1988). *Fremdgegangen freigeschrieben*. Königshausen und Neumann Verlag, Würzburg S. 29.

tionen in die Landwirtschaft führten zu Rückständigkeit und Armut auf dem Land. Weitere emigrationsfördernde Faktoren waren eine unzureichende Infrastruktur und hohe Verschuldungen. Auch politische Faktoren waren für die Migrationsmotivation verantwortlich. So bedrohten gewaltsame Auseinandersetzungen zwischen Kurden und der türkischen Armee im Osten der Türkei immer mehr die Sicherheit der Bewohner. Außerdem hatte das in den 80er Jahren in Angriff genommene Projekt GAP (Südostanatolienprojekt) zum Ziel, die wirtschaftliche Entwicklung im Osten zu fördern. Als dann jedoch mehrere Dörfer zwischen Euphrat und Tigris überflutet wurden, waren die Dorfbewohner letztendlich gezwungen, Richtung Westen abzuwandern.

Die meisten Migranten hatten oft unrealistische, meist sogar fantastische Vorstellungen über die Arbeits- und Lebensverhältnisse in Deutschland. Das Land des Wirtschaftswunders war ein Sinnbild für Reichtum und Überfluss. Zunächst kamen so genannte „Gastarbeiter" aus Italien (1955), Spanien und Griechenland (1960) ins „gelobte Land". Ab 1961 wurden türkische, portugiesische, marokkanische und jugoslawische Arbeiter angeworben (Bähr 2004: 289). Ihr ursprüngliches Ziel war es, nach einem gewissen Zeitraum in die Heimat zurückzukehren und mit ihren Ersparnissen und in Deutschland erworbenen Fachkenntnissen eine neue Existenz zu gründen. Doch die Realität entwickelte sich anders als geplant. Sie wurden in den Städten feierlich begrüßt und bei ihrer Ankunft oft reichlich beschenkt. Eine Aufenthalts- und Arbeitserlaubnis erhielten sie erst dann, wenn sie über die jeweils angeforderten beruflichen Arbeitsqualifikationen verfügten und medizinische Kriterien erfüllten. Die Aufenthaltserlaubnis wurde nur für eine befristete Zeit gewährt, d.h. die Ausländerbeschäftigung galt nur als eine temporäre Erscheinung. Durch die für eine beschränkte Zeit konzeptualisierte Ausländerpolitik war eine verstärkt einsetzende Arbeiterwanderung nicht absehbar, so dass es zu dieser Zeit auch keinen Anlass für öffentliche fremdenfeindliche Äußerungen gab.

Die geplante Rückkehr der Gastarbeiter in ihre Heimatländer fand nicht statt. Als dann konsequenterweise die Zahl der Ausländer ab 1970 ihren vorübergehenden Höchststand erreichte, nahm die Aufnahmekapazität der europäischen Staaten sukzessive ab, so dass es zum Anwerbestopp und zu Einwanderungsbeschränkungen kam. Deutschland und Österreich erreichten eine Reduktion der Ausländerzahl, indem die Aufenthaltsgenehmigungen nicht mehr verlängert und sogar Rückkehrbeihilfen ausbezahlt wurden. Dies führte jedoch nicht zu einer Abnahme der Ausländerzahl, sondern vielmehr zur Verlangsamung der Arbeitsmigration. Ende der 70er Jahre stieg die Zahl der Ausländer infolge der Familienzusammenführungen und den steigenden Geburtenzahlen unter der ausländischen Bevölkerung wieder an (Bähr 2004: 289).

Somit wurde aus der temporären Arbeiterwanderung eine Dauereinwanderung, aus dem „Gastarbeiter" ein „Einwanderer". Diese unerwartete Entwicklung führte zu einer angespannten sozialen Situation in der Gesellschaft zwischen den Deutschen und den Ausländern. Die Wirtschaftskrise von 1966/67 war der erste Auslöser von ausländerfeindlichen Tendenzen in der Gesellschaft. Türken bildeten die größte Minderheit unter den Gastarbeitern. Im Vergleich zu anderen Minderheiten boten sich Türken als Objekt der Ausländerfeindlichkeit aufgrund ihrer Religion, ihres ungewohnten Aussehens und ihrer fremdartigen Kultur an. Das „Türkenproblem" wurde in den 80er Jahren intensiv und emotional thematisiert. Medien schürten Ängste und Aggressionen zwischen Einheimischen und Ausländern, Gewaltanschläge und fremdenfeindliche Straftaten waren am Ende der 80er Jahre die Folgen (Chiellino 2000: 14).

2.1.2 „Gastarbeiterliteratur" – „Literatur der Betroffenheit" – „Migrantenliteratur"

Die Literatur der (Arbeits-)Migranten ist wohl das einzigste Gebiet, welches in kurzer Zeit so häufig seinen Namen gewechselt hat. Angefangen mit der Bezeichnung „Gastarbeiterliteratur", „Ausländerliteratur", „Minderheitenliteratur", „Literatur von Außen" bis hin zu den Begriffen „Migrantenliteratur" und „Migrationsliteratur". Die Begriffsvielfalt zeigt ganz deutlich die Problematik der Definitions- und Benennungsversuche für die von „Ausländern" geschaffenen literarischen Werke. Allgemein wird unter den Begriffen eine Literatur verstanden, die von den in Deutschland lebenden Migranten produziert wird und die ihre Empfindungen, Ängste und Hoffnungen zum Ausdruck bringt. In dieser Arbeit werden nur die gängigsten Begriffe „Gastarbeiterliteratur", „Literatur der Betroffenheit" und „Migrantenliteratur" erklärt und verwendet.

Kurz nach den ersten Anwerbeabkommen begannen einige Gastarbeiter ihre politisch-soziale Lage literarisch darzustellen. Abgeleitet von der Arbeiterwanderung wurden diese Werke zunächst unter dem Begriff **„Gastarbeiterliteratur"** kategorisiert. Deutschsprachige Texte aus dieser Anfangsphase erschienen in Form von Lyrik und Prosa, die immer noch von der jeweiligen Muttersprache beeinflusst waren.

Für die Verwendung des Begriffs „Gastarbeiterliteratur" gibt Horst Hamm in seiner Arbeit folgende Erklärung:

> „Ohne das Engagement südländischer Gastarbeiter wäre der ganze Literaturzweig nicht denkbar. Ihrer Initiative ist es zu danken, dass sich ausländische Autoren, die in deutscher Sprache schreiben, als Gruppe zusammenschlossen; und erst in ihrem Sog veröffentlichen andere Ausländer ihre literarischen Produkte, in wesentlich geringerem Umfang allerdings."[3]

Gleichzeitig weist er allerdings darauf hin, dass die Bezeichnung unzutreffend ist, da die Autoren nicht mehr vorwiegend Arbeitnehmer sind, sondern Akademiker. Das heißt, dass AutorInnen, die anderen Berufsgruppen angehören oder als Studierende nach Deutschland immigriert sind, auch im Kontext der Arbeitsmigration gelesen werden. Franco Biondi und Rafik Schami betonen das Paradoxon im Kompositum „Gastarbeiter":

> „Wir gebrauchen bewusst den uns auferlegten Begriff vom „Gastarbeiter", um die Ironie, die darin steckt, bloßzulegen. Die Ideologen haben es fertiggebracht, die Begriffe Gast und Arbeiter zusammenzuquetschen, obwohl es noch nie Gäste gab, die gearbeitet haben."[4]

Am Anfang der 80er Jahre kennzeichneten Biondi und Schami die Gastarbeiterliteratur mit dem Schlagwort **„Literatur der Betroffenheit"**. Diese neue Bezeichnung sollte den Widerstand einer vernachlässigten und unterdrückten Literatur darstellen. Ihr Ziel war es, gegen die Despektion gegenüber Gastarbeitern und ihren

---

[3] Hamm, Horst (1988): *Fremdgegangen freigeschrieben.* Königshausen und Neumann Verlag, Würzburg S. 10.
[4] Schaffernicht (1981): *Zu Hause in der Fremde.* Verlag Atelier im Bauernhaus, Fischerhude. S. 134/135.

kulturellen Produkten anzukämpfen, indem sie sich von der dominanten Kultur distanzierten und die Realität aus der Perspektive des Unterdrückten betrachteten. Sie vertraten in ihrem Aufsatz „Literatur der Betroffenheit" (Schaffernicht 1982: 124-136) die Ansicht, dass diese Literatur diejenigen ansprechen soll, die die Welt der Gastarbeiter kennen und verstehen wollen. Die Betroffenenliteratur sollte auf keinen Fall „nach Versöhnung suchen, denn es hat den Unterdrückten noch nie geholfen, den Unterdrücker um Milde zu bitten."[5] Man verzichtete bewusst auf die ästhetische Form der Literatur um die Authentizität und die politisch-ökonomische Bewusstheit hervorzuheben. Horst Hamm spricht hier auch von einer „authentischen Literatur" (Hamm 1988: 48). Durch diese Literatur wurden ernsthafte Probleme der Menschen, die in Deutschland ihre neue Existenz gegründet haben, artikuliert. Während in den Anfangsphasen der Gastarbeiterliteratur dokumentarisch bzw. objektiv geschrieben wurde, rückt in den 80er Jahren immer mehr die eigene Subjektivität des Autors in den Vordergrund. Ihre Betroffenheit bringen Autoren vor allem in Autobiografien und Selbstdarstellungen zum Ausdruck (Hamm 1988: 53).

Die meisten Autoren sind jedoch mittlerweile keine „Gäste" mehr. Sie haben bereits den größten Teil ihres Lebens in Deutschland verbracht, sind hier geboren und aufgewachsen. Sie sehen sich auch nicht als „Betroffene". Die jüngere Generation sieht sich als einen Teil der deutschen Gesellschaft und verlangt auch als solche akzeptiert zu werden. Sie distanzieren sich von der auf Selbstmitleid und „Betroffenheit" bedachten Literatur. Deshalb ist es auch politisch ausgesprochen fragwürdig, Begriffe wie „Ausländerliteratur" oder „Minderheitenliteratur" zu gebrauchen. Inzwischen haben sich im wissenschaftlichen Bereich die Begriffe **„Migrantenliteratur"** bzw. **„Migrationsliteratur"** durchgesetzt. Diese unspezifischen Bezeichnungen werden allerdings je nach Gusto des Forschers in Verwendung gebracht. Während A. Mansour Bavar und Heidi Rösch in ihren Werken den Begriff „Migrationsliteratur" einsetzen, wird dieses Genre von Petra Thore und Monika Frederking als „Migrantenliteratur" bezeichnet. Ganz allgemein wird unter dem Terminus „Migrantenliteratur" die von Migranten unterschiedlicher nationaler, ethnischer, kultureller oder sozialer Herkunft verfasste Literatur verstanden. Heidi Rösch weißt zusätzlich darauf hin, dass das Herkunftsland bzw. die -region eine wichtige Zugangskategorie darstellt (Rösch 1992: 13-18). Im

---

[5] Schaffernicht (1981): *Zu Hause in der Fremde*. Verlag Atelier im Bauernhaus, Fischerhude. S. 134.

gangskategorie darstellt (Rösch 1992: 13-18). Im Zentrum des Interesses steht neben der Literatur italienischer Autoren (Chiellino 2000) auch die Literatur türkischer Autoren (Frederking 1985) in Deutschland.

2.2 Verbreitung der Migrantenliteratur in Deutschland

Die Verbreitung der Literatur von Migranten in Deutschland begann erst in den 80er Jahren. Doch bereits Anfang der 50er Jahre erschienen Briefe, Gedichte und Erzählungen in Zeitschriften, die von Emigranten herausgegeben wurden. Die ersten Gastarbeiter mit literarischer Tätigkeit in Deutschland waren Italiener. In den 50er und frühen 60er Jahren waren jedoch die ersten literarischen Gehversuche meistens in italienischer Sprache und deshalb für die deutsche Öffentlichkeit nicht zugänglich (Hamm 1988: 33). Erst im Jahre 1964 erschien Gianni Bertagnolis deutschsprachiger Roman *Arrivederci, Deutschland!*, der aus Tagebucheinträgen und Reportagen besteht. Es folgten mehrere Gedichtbände und prosaische Werke von Autoren wie Franco Antonio Belgiorno, Carmine Gino Chiellino und Franco Biondi (Chiellino 2000: 63-69). Neben den italienischen Autoren bilden Türken die größte nationale Gruppe der schreibenden Migranten (Hamm 1988: 32). Autoren dieser Gruppe und ihre Werke werden in Kapitel 3 vorgestellt.

Die politische und soziale Lage nach dem Anwerbestopp und der Familienzusammenführung in den 70er Jahren war ein ausschlaggebender Faktor für die verstärkte kulturelle Betätigung von Migranten. Ihre Texte wurden vorwiegend in kleinen Verlagen, wie z. B. Ararat-Verlag oder Express-Verlag, publiziert, die zum größten Teil dafür gegründet wurden, allerdings nur niedrige Auflagenhöhen erreichten. Mit dem Ziel, ein relativ breit gefächertes Publikum zu gewinnen, veröffentlichten die Autoren R. Schami, F. Biondi, S. Taufiq und J. Naoum am Ende der 70er Jahre die Literaturreihe *Südwind Gastarbeiterdeutsch* in der Edition Con, die ab 1983 als *Südwind Literatur* beim Neuen Malik Verlag erschien. Nach Schami und Biondi ist diese Reihe „der erste Versuch, die Literatur der Gastarbeiter selbständig und kontinuierlich herauszugeben."[6] Sie beabsichtigten damit den Kulturaustausch zwischen Ausländern und Deutschen zu fordern und zu fördern. Zudem konnte durch den solidarischen Zusammenschluss ein breites Autorenspektrum zu Wort kommen. Die in dieser Reihe edierten Anthologien fanden

---

[6] Schaffernicht, Christian (1981): *Zu Hause in der Fremde*. Verlag Atelier im Bauernhaus, Fischerhude S. 133.

neben den weithin unbekannt gebliebenen Einzelveröffentlichungen eine größere Leserschaft. Die Textsammlung *Zu Hause in der Fremde*, in der auch das Manifest *Literatur der Betroffenheit* erschien, wurde 1981 von deutschen und ausländischen Autoren herausgegeben und thematisiert hauptsächlich Fragen der Kunst und Literatur (Schaffernicht 1981). Die Zusammenarbeit mit deutschen Autoren wurde jedoch von vielen ausländischen Autoren kritisiert. Sie plädierten nämlich auf eine autonome Literatur, die unabhängig vom deutschen Literaturbetrieb, der sie kaum zur Kenntnis nahm, und ohne Eingriffe gestaltet werden sollte.

In diesem Sinne wurde zu Beginn der 80er Jahre der Polynationale Literatur- und Kunstverein „PoLiKunst" gegründet. Diesem Verein konnten nur in Deutschland lebende, kulturschaffende Ausländer beitreten, die sich selbstbewusst für die Verbreitung ihrer Werke einsetzten. Sie veröffentlichten Jahrbücher und Reihen, veranstalteten Kulturwochen mit Lesungen und Vorträgen in zahlreichen Städten. Dadurch gelang es mehreren ausländischen Autoren, sich in der deutschen Literaturszene zu etablieren und einen enormen Bekanntheitsgrad zu erlangen. Aufgrund von Unstimmigkeiten innerhalb der Autorengruppe wurde der Verein PoLiKunst im Jahre 1987 zwar wieder aufgelöst, doch sie ernteten weiterhin die Früchte ihres Engagements und ihrer Eigeninitiative (Reeg 1988: 88-96). Inzwischen erkannten größere Verlage die Popularität ausländischer Autoren und kauften mehrere Bücher auf. Die einst von Kleinverlagen auf den Markt gebrachte „Gastarbeiterliteratur" wurde nun vom dtv, Rowohlt und vom Fischer Verlag veröffentlicht (Hamm 1988: 30).

Schließlich sei hier noch zu erwähnen, dass mit Literaturpreisen und Auszeichnungen, wie dem Adelbert-von-Chamisso-Preis, ausländische Schriftsteller, die in deutscher Sprache schrieben, unterstützt wurden, was natürlich ihre literarische Anerkennung verstärkte.

3. Literatur türkischer Migranten in Deutschland

Im Vergleich zur Literatur italienischer und arabischer Migranten verfolgte die türkische Migrantenliteratur eine andere Entwicklungslinie. Hierbei handelt es sich nicht um einen solidarischen Zusammenschluss von Autoren, die einen kooperativ intendierten Literaturprozess und eine gemeinsame Problembewältigung bezweckten. Vielmehr geht es um die Textproduktion einzelner Autoren. Die meisten türkischen Schriftsteller waren bereits in ihrem Heimatland literarisch tätig gewesen und hatten nach der Ausreise nicht das Bedürfnis, sich einer Autorengruppe anzuschließen, um die Migration in ihren Texten zu verarbeiten. Die bekanntesten türkischen Schriftsteller dieses Genres und ihre literarischen Werke sollen nun kurz vorgestellt werden.

3.1 Pioniere türkischer Migrantenliteratur

3.1.1 Aras Ören

Einer der Pioniere türkischer Migrantenliteratur ist Aras Ören, der zwar als erster die spezifischen Gastarbeiterprobleme seiner Landsleute ins öffentliche Bewusstsein trug, selber aber nicht als Gastarbeiter nach Deutschland kam. Ören immigrierte 1969 nach Berlin, weil er mit der Stagnation des kulturellen Lebens in der Türkei unzufrieden war. Seine literarische Tätigkeit begann er bereits mit 18 Jahren in der Türkei mit Gedichten und erweiterte diese 1958 mit prosaischen Werken. Zwei Jahre später veröffentlichte er in Istanbul seinen ersten Gedichtband mit dem Titel *Terkedilmislerin Aksami* (*Abend der Verlassenen*) in türkischer Sprache. Zwischen 1959 und 1969 widmete sich Ören hauptsächlich in Istanbul dem Schauspiel, was durch seinen Militärdienst und mehrere Deutschlandaufenthalte unterbrochen wurde. Nachdem er am internationalen Wettbewerb der Jugendtheater in Erlangen teilnahm, ging er 1962 seiner Profession als Schauspieler an der „Neuen Bühne" in Frankfurt nach und startete von 1965 bis 1967 mehrere Versuche, eine Theatergruppe für türkische Immigranten in Deutschland zu gründen (Hohoff & Ackermann 1999: 1-12, in: *Kritisches Lexikon zur deutschsprachigen Gegenwartsliteratur KLG*). Seit 1974 arbeitet Aras Ören als Redakteur und seit 1996 als Leiter in der türkischen Redaktion im Sender Freies Berlin (SFB).

Im Rahmen der Tübinger Poetik Dozentur hielt er 1999 drei Vorlesungen zum Thema „Privatexil – ein Programm?"
(http://www.konkursbuch.com/html/poetik.html
Stand: 20.09.2007).

Aras Ören war einer der wenigen Autoren, der in seiner Muttersprache schrieb und seine Werke ins Deutsche übersetzen ließ. Er ist zwar als deutscher Schriftsteller anerkannt, die Sprache in seinen Texten ist jedoch türkisch. Sein erster Gedichtband *Disteln für Blumen*, der 1970 in deutscher Übersetzung erschien, fand wenig Beachtung. Drei Jahre später gelang ihm mit seiner Berlin Trilogie (*Was will Niyazi in der Naunynstraße*, *Der kurze Traum aus Kagithane* und *Die Fremde ist auch ein Haus*) der Durchbruch. Der Protagonist Niyazi überwindet nach sieben Jahren Deutschlandaufenthalt seine Ernüchterung und sucht nach Lösungswegen, um die Entfremdung in der deutschen Gesellschaft aufzuheben. In *Bitte nix Polizei* (1981) kommt Ören von diesen utopischen Imaginationen ab und kritisiert sogar in seinen weiteren Werken, wie *Eine verspätete Abrechnung* (1988) und *Berlin Savignyplatz* (1995), den anfänglichen Optimismus der Gastarbeiter. Er beschreibt eine einkehrende Isolation und sucht nach einer vertrauten Welt in der Vergangenheit und in der Zukunft, zwischen Heimat und Fremde. Sein Roman *Granatapfelblüte* (1998) stellt nun die Reise eines türkischen Dichters von Berlin in die Türkei dar, die mit einer Reise durch die Sprachen und Kulturen vergleichbar ist. Der Ich-Erzähler, der seine Kreativität aus der türkischen Sprache schöpft, erhofft sich dabei eine geistige Neuorientierung, kann sich allerdings von seiner Vergangenheit nicht loslösen (Chiellino 2000: 147). Auf der Suche nach der Gegenwart verfolgt Aras Ören auch in seinen Romanen *Sehnsucht nach Hollywood* (1999) und *Der Haifisch in meinem Kopf* (2000) gesellschaftliche und persönliche Spuren, die sich aus Bruchstücken der Realität zusammensetzen
(http://www.arasoeren.de/?page_id=9 Stand: 20.09.2007).

Für sein literarisches Schaffen wurde Ören mit mehreren Preisen ausgezeichnet, unter anderem 1983 mit der Literarischen Ehrengabe der Bayrischen Akademie der Schönen Künste und 1985 mit dem Adelbert-von-Chamisso-Preis. Dieser Erfolg machte Aras Ören zum prominentesten und meistgelesenen türkischen Schriftsteller in Deutschland (Hohoff & Ackermann 1999: 1-12, in: *KLG* 3/99).

3.1.2 Yüksel Pazarkaya

Der 1940 in Izmir geborene Schriftsteller kam mit 18 Jahren nach Deutschland, um sein Chemiestudium in Stuttgart zu absolvieren. Seine Auswanderung fand also statt, noch bevor die Migrationsbewegung von der Türkei nach Deutschland einsetzte. In seinem Essay *Literatur ist Literatur* behauptet er:

> „[...] Als jemand, der unter den türkischen Autoren als erster auch Migrationserfahrungen, die eigenen wie die der anderen, zu Papier gebracht hat, sträubt sich in mir etwas gegen diesen Begriff. Ich fühle mich von ihm weder angesprochen noch erfasst. Um es noch deutlicher auszusprechen, ich bin kein Gastarbeiterautor, und meine Texte sind keine Gastarbeiterliteratur. [...]".[7]

Pazarkaya führte seine akademische Laufbahn mit dem Studium der Fächer Germanistik und Philosophie fort und promovierte 1972 in Literaturwissenschaft. Im selben Jahr war er als Fachbereichsleiter für Fremdsprachen an der Stuttgarter Volkshochschule tätig. Von 1986 bis 2002 war er Redaktionsleiter beim Westdeutschen Rundfunk in Köln. Von 1980 bis 1982 war er Herausgeber der zweisprachigen deutschtürkischen Zeitschrift *Anadil/Muttersprache*. Im Frühjahr 2000 hatte er die Chamisso-Poetik-Dozentur an der Technischen Universität Dresden inne. Seit 2003 lebt er als freier Schriftsteller in Bergisch-Gladbach (Zetzsche 2003: 965-966, in: *Lexikon der deutschsprachigen Gegenwartsliteratur* Band 2).

Mit seiner literarischen Tätigkeit begann er erst nach seiner Immigration und schreibt seit 1960 Gedichte, Prosa, Theaterstücke, Hör- und Fernsehspiele auf türkisch und deutsch. Im Gegensatz zu Aras Ören entschied sich Pazarkaya für die deutsche Sprache als Mittel seiner Kreativität. Seine ersten Gedichte publizierte Pazarkaya 1965 in einer Zeitung in Stuttgart, worin er den Kulturschock beschreibt, den die türkischen Erstankömmlinge erleben (Hamm 1988: 41). Im Band *Heimat in der Fremde* (1979), der aus drei illustrierten Erzählungen besteht, schildert er die Beziehung zwischen Deutschen und Türken. Das Phänomen der Migration bearbei-

---

[7] Ackermann & Weinrich (1986): *Eine nicht nur deutsche Literatur*. Piper Verlag, München. S. 60.

tet der Autor auch in seinem Gedichtband *Ich möchte Freuden schreiben* und in seinem Essay *Beobachtungen zum `Deutschland-Türkischen´*, die beide im Jahre 1983 erschienen sind. In seinem Werk *Rosen im Frost* (1982) legt er eine Studie zur türkischen Kultur dar, wodurch ihm eine wichtige Rolle als Kulturvermittler zukommt. Diese Vermittlungsfunktion kommt auch in seinem Gedichtband *Babylonbus* (1989) zum Vorschein, in dem Themen wie zwischenmenschliche Beziehungen und Liebe als menschliche Güte verarbeitet werden. Ähnlich wie bei Aras Ören, der in *Granatapfelblüte* die Reise eines Dichters beschreibt, erzählt Pazarkaya in seinem Roman „Ich und die Rose" (2002) von der Rückkehr des Protagonisten Orhan in seine Heimat. Als Autor, der sich in beiden Sprachen wohl fühlt, übersetzte er Werke von Brecht, Lessing und Goethe ins Türkische und aus dem Türkischen die Gedichte von Orhan Veli und Nazım Hikmet, sowie Erzählungen von Aziz Nesin.

Er erhielt mehrere Literaturpreise in der Türkei, unter anderem den „Haldun-Taner-Erzählpreis", den „Dr. Orhan Asena Preis" und den „Ismet Küntay Theaterpreis". 1987 wurde ihm das Bundesverdienstkreuz verliehen, 1989 der Adalbert-von-Chamisso-Preis und 1994 der Kinderbuchpreis des Berliner Senats (Zetzsche 2003: 965-966, in: *Lexikon der deutschsprachigen Gegenwartsliteratur* Band 2).

3.2 Weitere Autoren der ersten und jüngeren Generation

3.2.1 Emine Sevgi Özdamar

Emine Sevgi Özdamar ist eine der bedeutendsten deutschen Schriftstellerinnen und zugleich Schauspielerin und Regisseurin türkischer Herkunft. 1946 wurde sie in der ostanatolischen Stadt Malatya geboren und ließ sich erstmals 1965 als Gastarbeiterin in Deutschland nieder. Die Schauspielschule besuchte sie zunächst in West-Berlin und von 1967 bis 1970 in Istanbul. Aufgrund der damaligen türkischen Militärdiktatur kam sie 1976 wieder zurück nach Berlin, arbeitete an ost- und westdeutschen Bühnen als Regieassistentin und Schauspielerin und erlangte in Paris 1978 das Diplom als „Maitre de Théatre" (Zetzsche 2003: 953-955, in: Lexikon der deutschsprachigen Gegenwartsliteratur Band 2). Fortan war Özdamar nicht nur mit Theaterarbeiten beschäftigt, sondern spielte in Filmen wie Yasemin von Hark Bohm und „Happy Birthday Türke" von Doris Dörrie (Konuk 2001: 83). Im Rahmen des Projekts „poet-in-residence" lehrte die Autorin 2000 an der Universität Essen als

Gastprofessorin und gab Einblicke in ihre vielseitigen künstlerischen Werke (Zetzsche 2003: 953, in: Lexikon der deutschsprachigen Gegenwartsliteratur Band 2).

Anders als ihre Kollegen Ören und Pazarkaya startete Özdamar ihre literarische Laufbahn knapp 20 Jahre nach ihrer Immigration. 1982 verfasste sie ihr erstes Theaterstück mit dem Titel Karagöz in Alamania (Schwarzauge in Deutschland), das 1986 am Schauspielhaus Frankfurt uraufgeführt wurde. Karagöz, eine bekannte Figur aus dem türkischen Schattenspiel, wandert mit seinem Esel nach Deutschland und gerät in eine gespaltene Situation. Zum einen kehrt er mit seinem Esel wieder in die Türkei zurück, zum anderen verliert er in Deutschland seine Identität und tauscht seinen Esel gegen ein deutsches Auto. 1990 erschien Özdamar´s Prosaband Mutterzunge, der u.a. die Erzählungen Mutterzunge und Großvaterzunge beinhaltet. Darin beschreibt sie die Situation einer türkischen Migrantin, die in Deutschland ihre Muttersprache verliert und versucht, diese Entfremdung durch die Rückkehr zu ihren kulturellen Wurzeln aufzuheben. In ihrem Roman Das Leben ist eine Karawanserei (1992), der mit dem Ingeborg-Bachmann-Preis ausgezeichnet wurde, greift sie das Thema Migration zwar wieder auf, erzählt jedoch vordergründig das Leben der Ich-Erzählerin, die ihre Kindheit in der Türkei und ihre Jugend in Deutschland verbringt und sich im Konflikt mit der Kultur zwischen Orient und Okzident befindet (Konuk 2001: 83-84). Die Protagonistin wird im Roman Die Brücke vom goldenen Horn (1998) als Gastarbeiterin in Berlin gezeigt, die sich gleichzeitig für das Theater interessiert und als Schauspielerin tätig ist. Zudem werden ihre Erfahrungen und Erlebnisse als Reporterin während der 68er Bewegung in der Türkei erzählt. Özdamar gelingt es, das Publikum mit ihrer eigenartigen Erzählart zu faszinieren. Sie denkt auf türkisch, schreibt aber auf deutsch und integriert somit die türkische Sprache in die deutsche.

Neben dem Adelbert-von-Chamisso-Preis (1999) erhielt die Schriftstellerin 1993 den Walter-Hasenclever-Preis und 2001 den Künstlerinnenpreis des Landes Nordrheinwestfalen (Zetzsche 2003: 953-955, in: *Lexikon der deutschsprachigen Gegenwartsliteratur* Band 2).

3.2.2 Osman Engin

Bisher wurden bei der Bewältigung der Migrationssituation klassische literarische Formen wie der Roman oder die Lyrik eingesetzt. Osman Engin dagegen entschied sich für die Satire als Medium für seine versteckte Kritik an der deutsch-türkischen Gesellschaft. Er wurde 1960 in der Türkei geboren und migrierte 1972 mit seinen Eltern nach Deutschland. Nach seinem Abitur studierte er in Bremen Sozialpädagogik, dies absolvierte er 1989 mit seinem Diplom. Der Satiriker wurde sowohl als Schriftsteller, als auch durch Hörfunkbeiträge bekannt. Seit 1983 verfasst Engin satirische Kurzgeschichten, die regelmäßig zunächst im Stadtmagazin „Bremer" veröffentlicht wurden und seit 2003 im Hamburger Stadtmagazin „Oxmox" und in der Frankfurter Rundschau zu lesen sind. Seit 2002 präsentiert er im Rahmen der wöchentlichen Rubrik des Funkhauses Europa (WDR-Radio Bremen) seine Satiren (http://www.osmanengin.de/bio_osman.html Stand: 17.06.2007).

1985 veröffentlichte der studierte Sozialpädagoge sein erstes Buch unter dem Titel *Deutschling* beim Express Verlag und 1994 in einer Neuauflage beim Rowohlt Verlag. Ebenfalls vom Rowohlt Verlag wurden die Bücher *Der Sperrmüll-Efendi* (1991) und *Alles getürkt* (1992) auf den Markt gebracht. Auffallend ist dabei, dass Engin in seinen Geschichten immer mit derselben Figur arbeitet. Sein Protagonist, der auch den Namen Osman Engin trägt und in Deutschland lebt, ist ein Gastarbeiter aus der ersten Generation. Diese Grenzverwischung bzw. der Zusammenfall von Autor und Ich-Erzähler ist ein typisches Merkmal im Kabarett und in der Satire von Migrantenautoren. Damit wird aufgezeigt, dass der „Türke" in der deutschen Gesellschaft von aufgezwungenen Identitäten erfasst ist und diese Rolle nicht ablegen kann, wobei der Autor sich gleichzeitig davon distanziert, indem er diese Rolle ja nur spielt (Chiellino 2000: 297-298). Seinen einzigen Roman publizierte der deutsch-türksiche Satiriker 2001 unter dem Titel *Kanaken-Ghandi*, worin er die Hauptfigur aufgrund einer Verwechslung mit einem illegal eingereisten Asylbewerber der deutschen Beamtenwillkür unterstellt. Im deutschen Taschenbuchverlag wurden die Bände *Don Osman* (2005), *West-Östliches Sofa* (2006), und *Getürkte Weihnachten* (2006) publiziert.

Für sein sarkastisches Prosastück *Ich bin Papst!* wurde Osman Engin 2006 der ARD-Medienpreis verliehen. Außerdem erhielt er mehrere Literaturpreise in Bremen, Berlin und Gelsenkirchen (http://www.osmanengin.de/bio_osman.html Stand: 17.06.2007).

3.2.3 Feridun Zaimoglu

Feridun Zaimoglu gehört zu den Autoren der jüngeren Generation. Er ist zwar 1964 in der Türkei geboren, doch die Familie ging gleich nach seiner Geburt nach Deutschland und ließ sich erst in Berlin, danach in München nieder. Zaimoglu legte in Bonn, wo sein Vater als Konsulatsangestellter arbeitete, das Abitur ab und begann in seinem heutigen Wohnort Kiel Kunst und Medizin zu studieren. Als Journalist schrieb er nach abgebrochenem Studium Essays und Literaturkritiken für DIE WELT, DIE ZEIT und den Tagespiegel und ist zudem Mitbegründer der türkischen Literaturzeitschrift „ARGOS" (Tuschick 2003: 1364-1365, in: *Lexikon der deutschsprachigen Gegenwartsliteratur* Band 2). 1999 war Zaimoglu als Theaterdichter am Nationaltheater Mannheim beschäftigt und ging 2004 einer Gastprofessur an der Universität Berlin nach (Mannsbrügge 2005: 223-226).

Bekannt wurde der freie Schriftsteller 1995 mit seinem viel umstrittenen Debüt *Kanak Sprak – 24 Misstöne vom Rande der Gesellschaft*. In einer Art Dokumentation kommen türkische junge Männer zu Wort, die mittels eines provokanten Jargons und einer Mischung aus türkischen, deutschen sowie amerikanischen Elementen von sich, über ihr Leben als „Kanake" in Deutschland und über ihre Weltanschauung berichten. Ein weiterer Band seiner dokumentarischen Prosa erschien 1998 unter dem Titel *Koppstoff – Kanaka Sprak vom Rande der Gesellschaft*, der die weibliche Sicht der Dinge darstellt. Sein Roman *Abschaum. Die wahre Geschichte von Ertan Ongun* (1997), in dem Zaimoglu drastisch das Leben eines türkischstämmigen Kriminellen schildert, wurde 2000 von Lars Becker unter dem Titel *Kanack Attack* verfilmt. Im Briefroman *Liebesmale scharlachrot*, der im selben Jahr im Rotbuch Verlag erschien, erzählt der ausdrucksstarke und wortschöpfende Schriftsteller eine Liebesgeschichte um den jungen Türken Serdar. Weitere bekannte Werke des Autors sind *German Amok* (2002), der Erzählband *Zwölf Gramm Glück* (2004), *Leyla* (2006) und *Rom intensiv. Mein Jahr in der ewigen Stadt* (2007). Eine Literaturwissenschaftlerin machte ihm 2006 den Vorwurf, er habe Teile des Romans *Das Leben ist eine Karawanserei* von Emine Sevgi Özdamar plagiiert. Grund dieser

Kritik war der ähnliche Schreibstil beider Autoren, d.h. ähnliche Handlungsstränge und Metaphern. Doch Özdamar dementierte diese Unterstellung.
(http://www.spiegel.de/kultur/literatur/0,1518,420334,00.html Spiegel Online 8.06.06, Stand: 23.06.07).

Für den TV-Beitrag *Deutschland im Winter – Kanakistan* wurde er 1997 zusammen mit Thomas Röschner mit dem `civis´-Hörfunk- und Fernsehpreis ausgezeichnet. 1998 erhielt er den Drehbuchpreis und 2006 den Kunstpreis des Landes Schleswig-Holstein, 2004 den Adelbert-von-Chamisso-Preis und 2007 den Carl-Amery-Preis (Yeşilada 2007: 1, in: *KLG* 6/07).

4. Sprache als Spiegel der sozialen und kulturellen Gegebenheiten

Ändern sich die Gegebenheiten und Denkmuster, die die jeweilige Zeit prägen, so ändert sich auch die Sprache bzw. die Wortwahl des Sprechers. In der Migration wechselten Gastarbeiter nicht nur ihren Wohnort, sondern veränderten dabei auch ihre sprachliche Praxis. In Deutschland waren sie zunächst einer Sprachbarriere ausgesetzt, die sie an der Teilnahme am öffentlichen Leben mehr oder weniger hinderte. Schwerpunkte der Alltagsbewältigung, wie z. B. der erste Kontakt zu den Deutschen und die Orientierung in einer fremden Sprache, waren auch Themen, die von den Autoren der ersten Generation bearbeitet wurden. Dabei mussten einige Schriftsteller, wie Aras Ören und Emine Sevgi Özdamar, das sprachliche Hindernis überwinden. So verfasste Aras Ören anfangs seine Texte fast ausschließlich in türkischer Sprache und ließ diese ins Deutsche übersetzen, während Özdamar ihre deutschsprachigen Texte heute noch mit türkischen Sprachelementen ausschmückt.

Das sprachliche Verhalten von Migranten und deren Nachkommen ist von ihren Einstellungen zur Muttersprache bzw. zur Sprache des Aufnahmelandes und somit zu ihrer Heimat bzw. ihrem Zielland abhängig. Kennzeichnend für die zweite und dritte Generation der Migranten ist im Vergleich zur ersten Generation nicht nur der Wechsel zwischen beiden Sprachen, sondern auch das Mischen beider Sprachen. In dieser Sprachveränderung, auch „Varietät" (vgl. Beisbart & Marenbach 2006: 181) genannt, manifestieren sich Faktoren, die sich auf die Identität beziehen. Häufig werden Migranten, vor allem die zweite und jüngere Generation, die zwischen zwei Kulturen aufwachsen mit der Gefahr konfrontiert, die Muttersprache und damit verbunden auch die kulturelle Identität zu verlieren. Um der Bedrohung des Verlusts der eigenen Identität zu entgehen, werden Elemente aus der Muttersprache in die Fremdsprache übernommen, wie dies auch in Texten Zaimoglus und Özdamars deutlich wird. Es gelingt nur Wenigen, sich in beiden Sprachen zu Hause zu fühlen. Ein Beispiel hierfür wäre der Schriftsteller Yüksel Pazarkaya, der allerdings im Vergleich zu seinen Kollegen ein anderes Motiv und günstigere Voraussetzungen für die Migration nach Deutschland hatte.

Im folgenden Abschnitt werden fünf lyrische und prosaische deutschsprachige Texte von türkischen Migrantenautoren analysiert. Dabei geht es überwiegend um die Frage, ob und wie türkische Migrantenliteratur im integrativen und handlungsorientierten Deutschunterricht am Gymnasium eingesetzt werden kann und welche Lernziele dadurch erreicht werden können. Literatur stellt ein wichtiges Medium zur Vermittlung von interkultureller Kompetenz als Schlüsselqualifikation dar, was heutzutage ein wichtiges Ziel jedes Deutschunterrichts sein sollte. Aufgabe des Lehrers ist es, Schüler für andere Kulturen zu sensibilisieren, um gegenseitiges Verständnis und damit Toleranz und Akzeptanz zu erzielen. Schließlich sollte nicht außer Acht gelassen werden, dass die Zweisprachigkeit ausländischer Schüler nicht als Defizit, sondern als sprachlicher Mehrwert zu sehen ist.

4.1 Made in Germany. Aras Ören

4.1.1 Beziehung zur Heimat – didaktische Begründung

Das Gedicht *Made in Germany* von Aras Ören erschien 1983 im Gedichtband *Ich anders sprechen lernen* in den Kreuzberger Heften. Es wurde in einer Zeit veröffentlicht, als viele „Gastarbeiter" sich bereits dafür entschieden, für immer in Deutschland zu bleiben und nach dem Anwerbestopp ihre Familien nachgeholt hatten. Während der ersten „Literaturphase" in den 70er und 80er Jahren wurden hauptsächlich Identifikationsprozesse der türkischen Arbeitnehmer mit ihrer neuen Heimat thematisiert. Sie ließen ihre „alte" Heimat in der Vergangenheit, ihnen wurde ihre Identität als Fremde in Deutschland, ihrer „neuen" Heimat, bewusst.

Auf den ersten Blick ist jedoch eine Nähe zur Migrationsthematik nicht zu erkennen. Vielmehr erwecken die ersten Zeilen den Eindruck, dass es sich hierbei um eine nicht erwiderte Liebe zwischen dem lyrischen Ich und seinem „Partner" handelt. Eine migrationsfreie Sicht verschafft den Schülern deshalb einen leichten Zugang zu diesem Gedicht. Denn mit dem Thema der Liebe, einem der ursprünglichen Gefühle des Menschen, werden Jugendliche heute schon sehr früh konfrontiert, sei es durch Medien oder in ihrem sozialen Umfeld. Aus diesem Grund ist es durchaus möglich, dass sich in dem „Liebesgedicht" Stimmungen wiederfinden, die der Schüler während seiner ersten Liebeserfahrungen empfunden hat. Die Lehrkraft sollte im Unterrichtsgespräch darauf achten, dass die Gefühle der Schüler nicht verletzt und Peinlichkeiten vermieden werden. Nicht nur die Thematik, sondern auch der schlichte Aufbau des Gedichts macht es deutschen und ausländischen Schülern einfach, das Gedicht zu erschließen.

Das Hauptziel des Deutschunterrichts ist es, Schüler zu selbständigen und kritischen Lesern zu erziehen. In diesem Sinne ist es erforderlich, Schüler dazu zu befähigen, ihr Blickfeld auszudehnen und divergierend denken zu können (Schuster 1998: 12-20). Betrachtet man nämlich das Gedicht im historischen Kontext und bezieht die Biografie des Autors mit ein, so ist es nicht zu übersehen, dass es sich bei diesem Gedicht nicht vorrangig um eine Liebesbeziehung zwischen zwei Menschen handelt, sondern um die Beziehung des lyrischen Ichs zu Deutschland, seiner „neuen" Heimat. Ausländische und deutsche Schüler erhalten dadurch die Möglichkeit, ihre eigenen Erfahrungen zu den Themen „Liebe", „Migration" und „Heimat" in den Unterricht einzubringen.

Örens Gedicht *Made in Germany* kann also aus zwei Perspektiven gesehen werden. Zum einen thematisiert das Gedicht eine sozial, kulturell und/oder ethnisch definierte zwischenmenschliche Beziehung, zum anderen zeigt es die „Liebeserklärung" eines Gastarbeiters an seinen „Gastgeber". Die Vieldeutigkeit dieses Gedichts ermöglicht es Schülern, sich mit dem lyrischen Ich oder mit dem „du" zu identifizieren. Schüler können diese Positionen zu Stellvertretern ihrer eigenen Erfahrungen machen oder sich deutlich davon abgrenzen. Das Gedicht eignet sich somit auch, einer einseitigen Interpretation entgegenzuwirken und den Wahrnehmungshorizont von Schülern zu erweitern. Sie werden dazu motiviert auch andere Deutungen, die von ihren Interpretationen abweichen, zu erkennen. Um dies jedoch gewährleisten zu können, sollte bereits eine Vertrautheit der Schüler mit dem Thema der Migration gegeben sein.

Angesichts der oben genannten Aspekte kann der Lehrer sowohl in einer Sequenz „Liebesgedichte", als auch im Rahmen des interkulturellen Lernens und der Erziehung auf dieses Gedicht zurückgreifen. Je nach Entwicklungs- und Wissensstand der Schüler kann das Gedicht in der Mittel- bzw. Oberstufe des Gymnasiums eingesetzt werden.

4.1.2 Interpretationsskizze

Das Gedicht *Made in Germany* von Aras Ören besitzt eine auffällige äußere Form, der bei näherer Betrachtung auch eine innere Logik der Aussage entspricht. Das Bauprinzip seines Gedichts ist einfach zu durchschauen. Es besteht aus zwei Strophen, die durch Einrückungen der jeweils ersten drei Zeilen der Strophen gekennzeichnet sind. Die Einheitlichkeit im Schriftbild wird jedoch durch die Einrückungen bzw. durch die jeweils letzten Zeilen der Strophen („Du liebst mich nicht" V. 4 und „Du brauchst mich auch" V. 8) gestört, um die Gegensätze zu betonen und die Aufmerksamkeit des Lesers darauf zu lenken. Nicht zu übersehen ist auch die fehlende Interpunktion des im Zeilenstil verfassten Gedichtes. Einen geschlossenen und geordneten Eindruck erweckt wiederum die gleichmäßige Länge der einzelnen Verszeilen. Inhaltlich könnte das achtzeilige Gedicht eigentlich auf vier Sätze reduziert werden: Ich liebe Dich/Du liebst mich nicht/Ich brauche Dich/Du brauchst mich auch. Die erste Strophe enthält dreimal den Satz „Ich liebe Dich" und wird mit der Aussage „Du liebst mich nicht" abgeschlossen. Die zweite Strophe umfasst dreimal den Vers „Ich brauche Dich" und schließt mit dem Satz „Du brauchst mich auch" ab.

Die innere Gliederung hat einen ebenso klaren Aufbau. Die durchgehend zweihebigen Verse sind aus Jamben aufgebaut, die weich und gleitend wirken und eine ruhige, gemessene Stimmung schaffen. Die männlichen Kadenzen führen zu einem fortlaufend alternierenden Metrum. Die Verse enden immer mit einer betonten, sinntragenden Silbe („dich", „nicht", „auch"), so dass der Abschluss fest und hart wirkt. Charakteristisch für das Gedicht ist auch die Häufung von kurzen Sätzen, die dasselbe aussagen: Zunächst beteuert das lyrische Ich dreimal seine Liebe und stellt dann fest, dass sein Partner seine Liebe nicht erwidert („Du liebst mich nicht"). Im zweiten Teil weist er darauf hin, dass beide aufeinander angewiesen sind und sich gegenseitig „brauchen". Möglicherweise wird durch die Wiederholungen die Liebe des lyrischen Ichs visuell verdeutlicht. Somit ist nicht zu übersehen, dass die Zuneigung des lyrischen Ichs zu seinem Partner dreimal stärker ist als das Verhältnis des Partners zum lyrischen Ich. Es fällt auf, dass durch zwei Personalpronomen „ich" und „du" anstelle von Substantiven, sowie durch zwei Verben „lieben" und „brauchen" und die Partikel „nicht" und „auch", die Syntax sehr einfach gehalten ist. Die einfache, einseitige Liebe und Interdependenz spiegelt zum einen Merkmale einer zwischenmenschlichen Beziehung wider.

Dies kann ein Verhältnis zwischen Mann und Frau sein, aber auch zwischen zwei Freunden oder in der Familie. In Anbetracht des literaturhistorischen Aspekts und der Überschrift *Made in Germany* ist es offensichtlich, dass hier der Autor mit der Zweiteilung des Gedichts auf die Geschichte der Arbeitermigration hinweist. Am Anfang ließen sich Menschen durch ein Wunschbild nach Deutschland treiben. Die Vorstellung, Deutschland sei ein Paradies und sie würden mit der Migration auch ihren Lebensstandard erhöhen, wurde durch die soziale und politische Realität getrübt. Sie mussten erkennen, dass die anfängliche große Liebe zur deutschen Gesellschaft einseitig ist. Sie hatten zwar in Deutschland eine Arbeit, verloren aber ihre Heimat und damit ihre kulturelle Identität. Spätestens in den 80er Jahren, nach dem Anwerbestopp, mussten Gastarbeiter erkennen, dass sie in ihrem Aufnahmeland nicht mehr „Willkommene", sondern „Fremde" waren („Du liebst mich nicht"). Für eine glückliche Beziehung müsste diese Tatsache das Ende bedeuten. Doch Ören stellt im zweiten Abschnitt fest, dass die Beziehung gar nicht beendet werden kann, da eine gegenseitige Abhängigkeit besteht. Die enttäuschte Liebe wandelt sich in eine realistische Einschätzung der Situation, die nicht mehr rückgängig gemacht werden kann.

Abschließend ist noch zu bemerken, dass das Gedicht aufgrund seiner äußerlichen und inhaltlichen Form der konkreten Poesie zuzuordnen ist. Diese literarische Stilrichtung ist dadurch gekennzeichnet, dass „die Sprache nicht mehr nur als Medium der Kommunikation, sondern auch als konkretes Material, als Bild, als Klang, verwendet wird."[8] Ören hat in seinem Gedicht die Sprache und Syntax auf insgesamt sieben Wörter reduziert, die – wie bereits erwähnt – durch Wiederholungen (Epipher) die Aussage des Gedichts visualisieren.

4.1.3 Kulturübergreifende Darbietung des Gedichts – methodische Hinweise

Mit diesem Gedicht lassen sich im Unterricht zwei Themen bearbeiten:

Zwischenmenschliche Beziehungen (v. a. Liebesbeziehungen)

Fremdsein in Deutschland (Rückblick auf Lebens- und Zeitphasen)

---

[8] Bleissem & Reisner (1996): *Uni-Training. Neuere Deutsche Literaturwissenschaft (Gattungen)*. Klett Verlag. S. 58.

Damit auch Schüler mit Deutsch als Muttersprache Zugang zu dieser Literatur finden, ist es angebracht, das Gedicht zuerst einmal so zu präsentieren, dass eine Verbindung zum Thema Migration nicht erkennbar ist. Schüler begegnen dem Gedicht zunächst ohne Titel. Der Lehrer trägt es vor oder lässt es von einem Schüler vorlesen. Dabei kann durch aktives und produktives Lesen bereits ein erster Eindruck gewonnen werden (vgl. Waldmann 1999: 68-73). Im Unterrichtsgespräch werden dann verschiedene Sinndeutungen entwickelt, die miteinander in Bezug gesetzt werden. Falls nur eine einseitige Interpretation vorliegt, nämlich dass es sich hier ausschließlich um ein Liebesgedicht (Liebesbeziehung zwischen zwei Personen) handelt, sollte der Lehrer im nächsten Schritt durch entsprechende Fragen und Impulse die vorschnelle Gewissheit im Verstehen erschüttern. Hier wäre es z. B. sinnvoll den Titel *Made in Germany* und den Autor bzw. Informationen über ihn bekannt zu geben und zu fragen, wie sich die Überschrift mit dem Gedicht inhaltlich verbinden lässt. Aus diesem Verfremdungseffekt resultiert eine kognitive Dissonanz, wodurch die Motivation der Schüler gestärkt und das Interesse geweckt oder sogar gesteigert wird.

Im Sinne einer schülerorientierten Unterrichtsgestaltung ist es wichtig, dass Kenntnisse und Erfahrungen aller Schüler, d.h. nicht nur die von Schülern mit Deutsch als Zweitsprache, sondern auch von „deutschen" Schülern, in das Unterrichtsgespräch mit einbezogen werden. Der Lehrer sollte das Unterrichtsgespräch so lenken, dass Schüler in ihrer Bikulturalität und Bilingualität gestärkt werden und diese nicht als „Makel" sehen. Gleichermaßen ist darauf zu achten, dass Schüler aus monokulturellen und -lingualen Familien eine kulturelle und sprachliche Vielfalt in der Gesellschaft als Bereicherung erleben.

Im Rahmen eines produktiven und handlungsorientierten Unterrichts wird im weiteren Verlauf die Schüleraktivität durch konstruktive Verfahrensweisen angeregt. Schüler erhalten die Aufgabe, eine dritte bzw. vierte Strophe zu diesem Gedicht zu schreiben. Dabei erhalten alle Schüler die Möglichkeit, dem „ich" und dem „du" ihre eigenen „Paare" zuzuordnen und je nach Deutung das Gedicht mit verschiedenen Verben (wollen, hassen,...) fortzuführen. Beim Vortrag wird die Selbst- und Fremdwahrnehmung geschärft und die Fähigkeit, Gesichtspunkte aus einer anderen Perspektive zu betrachten und somit das Einfühlungsvermögen zu schärfen, trainiert.

4.2 *deutsche sprache*. Yüksel Pazarkaya

4.2.1 Didaktische Begründung

Im Vergleich zu anderen türkischen Migrantenautoren kam Yüksel Pazarkaya nicht als Gastarbeiter, sondern als Intellektueller nach Deutschland, um sein Studium zu absolvieren. Aus diesem Grund hat er auch eine andere Einstellung zur deutschen Sprache und zu Deutschland als seine Kollegen. Er verbindet das Leben in der Fremde nicht mit dem Verlust der Heimat. Ganz im Gegenteil: In seinem Gedicht bringt er zum Ausdruck, dass die deutsche Sprache für ihn ein Gewinn und somit eine Bereicherung darstellt. Anstelle einer klagenden Haltung bevorzugt der Autor einen prinzipiellen Optimismus.

Das zeitgenössische Gedicht *deutsche sprache* von Yüksel Pazarkaya ist in vielerlei Hinsicht für den gymnasialen Deutschunterricht relevant. Es thematisiert nicht nur eine Variation der „Liebe" („die ich vorbehaltlos liebe" V. 1), sondern verweist auch auf Themen wie „Heimat" und „Sprache". Schüler werden mit der Frage konfrontiert, welche Bedeutung für sie Sprache und Heimat im Allgemeinen hat. Durch die Auseinandersetzung mit diesen Begriffen eröffnet sich für Schüler eine neue Perspektive: Heimat ist nicht mehr nur eine geographische Ortsbestimmung, sondern auch eine geistige Lokalität. Das lyrische Ich differenziert hier zwischen der Sprache selbst und denen, die diese Sprache sprechen. Die Sprache wird zur Heimat des lyrischen Ichs, nicht das Land. Die deutsche Sprache ist ihm nicht mehr „fremd", er fühlt sich darin zu Hause. In einer mehrsprachigen Klasse erhalten alle Schüler während der Bearbeitung die Möglichkeit, sich mit dem lyrischen Ich zu identifizieren. Die letzte Zeile („wie in meinem türkisch" V. 23) spezifiziert zwar die Muttersprache auf das Türkische, doch sollte es auch Schülern, deren Muttersprache nicht türkisch ist, gelingen, den Vergleich mit ihrer eigenen Muttersprache herzustellen.

Ein wichtiges Ziel des Deutschunterrichts ist es außerdem, Schüler darin zu bekräftigen, Fremdes zu verstehen:

> „Literarische Texte sind nicht nur Spiegel für persönliche Probleme, sondern vermitteln auch fremde Erfahrungsperspektiven. Lesend kann

man sich von der eigenen Sichtweise lösen und sozusagen probehalber die Welt mit anderen Augen sehen."[9]

Pazarkayas Gedicht eignet sich für die Entfaltung von Fremdverstehen. Obwohl die deutsche Sprache nicht die Muttersprache des lyrischen Ichs ist, fühlt es sich darin zu Hause, weil es diese (Fremd-)Sprache versteht. Durch das „Begreifen" des Fremden wird es „greifbar" und ist nicht mehr entfernt. Somit kann sich das lyrische Ich der deutschen Sprache bedienen und versteht die Werke von wichtigen Autoren wie Lessing oder Schiller. Die Beschäftigung mit dem Gedicht ermutigt Schüler dazu, das Fremde zu begreifen und eine distanzierte Haltung gegenüber Andersartigem aufzuheben. Indem sie die Rolle des lyrischen Ichs übernehmen, erkennen sie die Chance voneinander und miteinander zu lernen. Zudem trägt die Aufzählung der Autoren in der zweiten Strophe dazu bei, dass die Schüler über die literaturgeschichtlichen Epochen und Strömungen reflektieren und das Gedicht damit in Zusammenhang bringen.

Da die Struktur des Gedichts nicht so eindeutig ist wie die des Gedichts *Made in Germany* von Aras Ören, erfordert die Analyse eine hohe Aufmerksamkeit der Schüler. In Anbetracht des anspruchsvollen Inhalts eignet sich das Gedicht für die Oberstufe.

4.2.2 Interpretationsskizze

Pazarkayas Gedicht *deutsche sprache* erschien 1981 in Schaffernichts *Zu Hause in der Fremde*. Eindrucksvoll schildert er darin, dass er sich in der deutschen und in der türkischen Kultur gleichermaßen heimisch fühlt und bringt damit bereits in den 80er Jahren eine ganz neue Dimension in die Thematik der Migrantenliteratur.

Das Gedicht gliedert sich in vier Abschnitte, die unregelmäßig gebaut sind: vier Versgruppen zu 6, 7, 5 und 5 Versen. Schon auf den ersten Blick ist zu erkennen, dass das Gedicht anaphorisch aufgebaut ist und keinen Reim enthält. Mit Hilfe von beherrschenden stilistischen Mitteln, wie syntaktischen Parallelismen und Wieder-

---

[9] Spinner, Kaspar (2001): *Kreativer Deutschunterricht. Identität-Imagination-Kognition.* Kallmeyersche Verlagsbuchhandlung, Seelze. S. 171.

holungen, soll die Aussageabsicht verstärkt werden. Es fällt auch auf, dass alle Wörter klein geschrieben sind und die freien Verse keine Satzzeichen enthalten.

In der ersten Strophe stellt das lyrische Ich sein Verhältnis zur deutschen Sprache und zu den Deutschen dar. Es ist auffallend, dass die Liebe zur Sprache uneingeschränkt ist. Die einst fremde Sprache konnte dem lyrischen Ich mehr geben als ihre Sprecher. Von den sechs Relativsätzen beziehen sich die ersten fünf auf die „deutsche sprache", während sich der sechste Satz auf diejenigen bezieht, „die sie angeblich sprechen" (V. 6). Daraus ist zu folgern, dass das lyrische Ich „zuversicht" (V. 3) und „geborgenheit" (V. 4) nicht in einer zwischenmenschlichen Beziehung erhalten hat, sondern bei der geistigen Anwendung der deutschen Sprache:

> „Eine anklagende Grundhaltung ist auch hier ersichtlich, da die deutsche Sprache als Refugium von der fremden Wirklichkeit erlebt wird. Die Notwendigkeit, den Dialog mit der Sprache statt mit deren Sprechern führen zu müssen, vergegenwärtigt das soziopolitische Anliegen des Dichters. Ein Austausch, der der Interaktion zwischen den zwei Sprachen bzw. Sprechern entspringen würde, ist nicht vorhanden, die Isolation in der Fremde wird verfestigt statt durchbrochen."[10]

Die zweite Strophe reiht parallel konstruierte Hauptsätze und bildet eine Ergänzung zum sechsten Vers. Hier werden nämlich diejenigen genannt, die die deutsche Sprache tatsächlich sprechen. Es sind Dichter und Philosophen wie Lessing, Heine, Marx und Hegel, die dieser Sprache im Sinne des lyrischen Ichs wahrhaftig mächtig sind. Ihnen gemeinsam ist, dass sie alle Kritiker ihrer Zeit waren, die gesellschaftliche und politische Systeme hinterfragten um ihren Zeitgenossen die Fähigkeit zu „sehen" und zu „hören" (V. 11) zu geben. Sie eröffnen jetzt dem lyrischen Ich durch die deutsche Sprache einen geistigen Horizont, eine intellektuelle „welt in der sich leben lässt" (V. 13) und in der es erst Hoffnung und Liebe gibt.

---

[10] Amirsedghi & Bleicher (1997): *Literatur der Migration*. Donata Kinzelbach Verlag, Mainz. S. 179.

Die Versgruppe 3 schließt alle Personenkreise aus, die „nicht in ihr sind", d.h. nicht in der deutschen Sprache sind. Sie benützen die Sprache gar nicht („die in ihr verstummen…" V. 14), falsch oder missbrauchen sie für ihre eigenen Zwecke, indem sie die Sprache als „ein werkzeug der erniedrigung" (V. 16) und „der ausbeutung" (V. 17) gebrauchen. Aus den ersten zwei Zeilen der dritten Strophe ist deutlich zu entnehmen, dass es sich hier um einen Gegensatz handelt. Weder diejenigen, die in der Sprache „verstummen", noch die, die in ihr „lauthals reden halten" gehen mit der Sprache angemessen um. Es ist möglich, dass der Autor hier die unterdrückte Minderheit, die Politiker und die deutsche Öffentlichkeit anspricht, die stumm bleiben und nichts zu sagen haben, lauthals Reden halten, sich der deutschen Sprache bedienen, ohne ihren Worten Taten folgen zu lassen. Mit der letzten Zeile dieser Strophe betont das lyrische Ich noch einmal, dass Menschen, die die Sprache dafür verwenden andere zu diskriminieren, nicht berechtigt sind, diese Sprache in Anspruch zu nehmen.

Mit der letzten Strophe wird das ganze Gedicht abgerundet, da das lyrische Ich wieder auf seine eigene Situation eingeht und eine Verbindung zur ersten Strophe herstellt. Das Aufbauprinzip der letzten Strophe erfolgt in derselben Weise wie die ersten drei Abschnitte. Die ersten drei Verse beginnen mit den Wörtern „meine behausung" und sind syntaktisch ähnlich aufgebaut. Es wird verdeutlicht, was die deutsche Sprache dem lyrischen Ich Positives gegeben hat: eine „behausung", die ihn vor externen Einflüssen („kälte der fremde" V. 19; „hitze des hasses" V. 20) schützt und Hoffnung gibt. In den ersten zwei Zeilen, Ellipsen, ergibt sich bei genauerer Betrachtung eine Dialektik in der Begrifflichkeit: „meine behausung" – „kälte der fremde" und „meine behausung"- hitze des hasses. Sowohl „meine behausung" bildet jeweils mit „fremde" und „hass(es)" ein Paradoxon, als auch die zwei Wörter „kälte" und „hitze". Der dritte Vers zeigt die Reaktion auf diese Gegebenheiten in den ersten zwei Zeilen: das lyrische Ich fühlt sich von der „bitterkeit" „verbiegt". Um hier ebenfalls einen Gegensatz zu konstruieren, nämlich meine behausung" und „bitterkeit", hat der Dichter diesmal auf die einfache Syntax verzichtet und das Subjekt („die bitterkeit") nach dem Prädikat („verbiegt") gestellt. Hier wird also klar unterschieden zwischen der erfahrenen Realität des Fremdseins und dem Finden einer geistigen Heimat in der Fremdsprache. Der letzte Abschnitt des Gedichts endet mit dem

Vergleich „wie in meinem türkisch", wobei das letzte Wort „türkisch" auch wieder ein gegensätzliches Paar mit dem ersten Wort des Gedichts „deutsche" bildet. Pazarkaya unterstreicht mit der Gleichsetzung, dass beide Sprachen und somit alle Sprachen Gemeinsamkeiten aufweisen, in denen man gleichermaßen „sehen" und „hören", „hoffen" und „lieben" kann.

4.2.3 Methodische Überlegungen

Wie bereits in der didaktischen Analyse erwähnt, sollen Schüler mit diesem Gedicht Perspektivenübernahme und Fremdverstehen lernen. Diese Lernziele lassen sich durch produktive Verfahren realisieren, die unabhängig voneinander oder kombiniert eingesetzt werden können.

1. Titel ausdenken (Spinner 1992: 69-71):

Das Gedicht wird zu Beginn des Unterrichts ohne Titel präsentiert. Der Lehrer liest es vor oder lässt es von einem Schüler laut und deutlich vorlesen. Nun müssen Schüler selbst Vorschläge für einen Titel machen, entweder gleich nach dem Lesen des Textes oder erst nach einem Unterrichtsgespräch. Somit offenbaren Lernende, was ihrer Meinung nach die Hauptaussage des Gedichts ist, denn der Titel kann auch als konzentrierte Form des Inhalts betrachtet werden. Mit diesem Verfahren stellt der Lehrer sicher, dass alle Schüler sich von Anfang an mit dem Gedicht beschäftigen.

2. Unterrichtsgespräch:

Im Unterrichtsgespräch erhalten Schüler nun die Möglichkeit zunächst ihre Ergebnisse kund zu geben und andere Deutungsmuster zu erfahren. Es werden verschiedenartige Titel verglichen und nach ihrer Plausibilität hinterfragt. Im weiteren Verlauf fragt der Lehrer, welche Bedeutung Sprache und Heimat haben und in welchem Verhältnis Muttersprache und Fremdsprache stehen. Diese Leitfragen können zuerst auf das lyrische Ich und später dann auf die eigenen Erfahrungen der Lernenden bezogen werden. Dabei ist es interessant zu erfahren, welche Einstellungen Schüler mit Deutsch als Muttersprache und Schüler mit Deutsch als Zweitsprache jeweils haben. In einem Unterrichtsgespräch werden nicht nur fremde Erfahrungsperspektiven vermittelt, sondern auch das Miteinandersprechen im Umgang mit Literatur geübt.

3. Veränderung der literarischen und sprachlichen Form:

Man kann das Gedicht *deutsche Sprache* als Anregung nehmen, dazu einen Prosatext zu schreiben. Schüler schreiben in der Form eines inneren Monologs die Gedanken des lyrischen Ichs auf oder entwerfen einen Brief oder einen Tagebucheintrag, den die Figur geschrieben haben könnte. Dieses Verfahren fördert die Fähigkeit, sich in die Perspektive des intellektuellen lyrischen Ichs denkend und fühlend hineinzuversetzen und auch eigene Gefühle und Vorstellungen zu artikulieren. Indem das Eigene projiziert und das Fremde erkannt wird, gelingt es Schülern die Einstellung anderer Personen zu verstehen und sich dem Fremden zu nähern.

4. Gedicht als formale Anregung verwenden (Spinner 1992: 98-100):

Hier geht es um eine kreative Schreibaufgabe bei der das Gedicht als Vorlage für eigene Gedichte verwendet wird. Dadurch wird „einerseits der Blick für formale Merkmale der vorgelegten Gedichte geschärft [wird] und [die] zugleich den Schülern neue Möglichkeiten der sprachlichen Gestaltung gezeigt."[11]

4.3 *Mutterzunge*. Emine Sevgi Özdamar

4.3.1 Sprache als Medium der Kulturvermittlung – didaktische Begründung

Die Zunge, welche die Autorin Emine S. Özdamar in ihrem Text *Mutterzunge* als leitendes Motiv verwendet, ist ein ganz besonderes Organ. Es hat vielerlei Funktionen, die nicht nur das Essen, Schmecken und Tasten betreffen, sondern auch das Sprechen.

Es bleibt unbestritten, wie wichtig die Sprache für die mitmenschliche Beziehung ist. Sie ist aber auch eine Quelle von Missverständnissen, vor allem dann, wenn die in Beziehung tretenden Personen nicht die gleiche Sprache – bezogen auf ihre nationale und seman-

---

[11] Spinner, K. (1992): *Lyrik der Gegenwart im Unterricht*. Schroedel Verlag, Hannover. S. 98.

tische Komponente – sprechen. In der Verständigung mit bilingualen und –kulturellen Gesprächspartnern bereiten oft sprichwörtlich oder redensartlich gebrauchte Wendungen große Schwierigkeiten.

Das Motiv der Zunge in dieser Erzählung wird von der Autorin als Metonymie für Sprache und Reden gebraucht. Zentrales Thema in dem Text *Mutterzunge* ist die Sprachkrise, der Verlust der (Mutter-)Sprache und damit der Verlust der Identität. Die sprachliche Problematik der Interkulturalität wird durch einen ungewöhnlichen Sprachstil der Autorin dargestellt. Özdamar integriert türkische Sprichwörter und Redewendungen, die sie nicht oder wortgetreu übersetzt, in ihren deutschen Text, wobei dadurch eine teilweise Vermischung der deutschen und türkischen Sprache entsteht. Diese sprachlichen Phänomene, die auch eine Hybridität der Sprache zum Ausdruck bringen, dienen auch als Medium für die Vermittlung von Kultur.

Mit dem Einsatz des Textes im Unterricht kann der Lehrer mehrere Lernziele formulieren. Durch die intensive Beschäftigung mit dem inhaltlichen und formalen Aufbau der Erzählung sollen Schüler die eingesetzten sprachlichen Mittel erkennen und Überlegungen zur ästhetischen Konzeption anstellen. Die Auseinandersetzung mit der literarischen Sprache Özdamars, insbesondere mit den Redensarten, ermöglicht es Schülern fremde kulturelle Äußerungsformen kennen zu lernen und sich ihrer eigenen Sprachpraxis bewusst zu werden. In einer abschließenden Diskussion werden zudem auch Aspekte des Identitätsverlusts durch die Sprache erörtert.

4.3.2 Interpretationsskizze

In der Erzählung *Mutterzunge*, die den 1998 publizierten gleichnamigen Erzählband eröffnet, verfolgt Emine Sevgi Özdamar die autobiographische Geschichte von einer türkischen Migrantin. Die Protagonistin hat im Zuge ihrer Migration ihre Muttersprache verloren und beschreibt Momente, in denen ihr dieser Verlust bewusst geworden ist.

Die Erzählerin, die aus der Türkei nach Ostdeutschland geflohen ist, weil sie des Kommunismus verdächtigt wurde, lebt in Ostberlin. In einem „Negercafé"[12] in Berlin stellt sie sich das erste Mal

---

[12] Özdamar, E. Sevgi (1998): *Mutterzunge*. KIWI Verlag, Köln. S. 9.

die Frage, wo sie ihre „Mutterzunge"[13] verloren haben könnte. Sie erinnert sich an ein Gespräch, das sie mit ihrer Mutter in ihrer Muttersprache geführt hatte. Darin wird ihr bewusst, dass ihre Muttersprache für sie nur noch „eine gut gelernte Fremdsprache"[14] ist. Ihre Mutter weist sie darauf hin, dass ihre Heimat ihr so dunkel erscheint, weil sie sich bereits an „Alamanien – Lichter gewöhnt hat"[15] Diese Entfremdung resultiert auch aus den traumatischen Erlebnissen im Herkunftsland. Die Protagonistin erinnert sich an eine kurdische Mutter, deren Sohn hingerichtet wurde, und ihre Worte, die jetzt in ihren Ohren deutsch klingen. Hier ist zu erwähnen, dass auch Özdamar aus einer kurdischen Familie stammt und den Terror des Militärregimes erlebt hat (Zetzsche 2003: 953-955, in: *Lexikon der deutschsprachigen Gegenwartsliteratur* Band 2). Im weiteren Verlauf der Erzählung beschreibt die Ich-Erzählerin verschiedene Orte, an denen sie glaubt ihre „Mutterzunge" verloren zu haben und sucht nach Antwort auf ihre Frage. Um ihre Muttersprache wieder zu finden, beschließt sie am Ende der Erzählung „zum anderen Berlin"[16] (Westberlin) zu gehen. Dort will sie von Ibni Abdullah, einem arabischen Gelehrten, die arabische Schrift und Sprache lernen, die Sprache ihres Großvaters. Sie bezweckt, über diesen Umweg Gemeinsamkeiten und Unterschiede in Bezug auf die türkische Muttersprache zu entdecken und erhofft sich somit den Weg zu ihrer Wurzel, ihrer „Mutterzunge" zu finden. Bei genauerer Betrachtung ihrer Biographie kann man Folgendes feststellen: die Ich-Erzählerin ist bisher mehrmals in eine Identitätskrise geraten. Im Zuge der Reformen, die im Jahre 1927 in der Türkei stattfanden, wurde den Menschen eine neue Identität aufgezwungen. Sie mussten in ihrem Leben von einem Tag auf den anderen alles ändern, „verwestlichen", auch ihre Sprache. So war ihr Großvater damals gezwungen worden seine osmanisch-arabische Identität aufzugeben, wenn er an der türkischen Öffentlichkeit teilhaben wollte. Man könnte sagen, dass die Ich-Erzählerin einen Konflikt mit ihrer kulturellen Identität bereits von ihrem Großvater mitbekommen hat. Dazu kommt noch, dass sie aus einer Familie stammt, die der kurdischen Minderheit angehört, welche damals in der Türkei nicht anerkannt war. Sie lebte also schon vor ihrer Migration nach Deutschland in zwei Welten: sie war türkisch und kurdisch. Dieser Dualismus hält auch in Deutschland an, denn sie steht zwi-

---

[13] Ebd. S. 9.
[14] Ebd. S. 9.
[15] Özdamar, E. Sevgi (1998): *Mutterzunge*. KIWI Verlag, Köln. S. 9.
[16] Ebd. S. 14.

schen „zwei Berlin"[17] und entscheidet sich für Westberlin, den Weg zu ihrem Großvater und schließt somit den Kreis.

Nicht nur der Versuch die gebrochene Identität neu zu gewinnen, sondern auch die Sprache, in der sich diese Identitätskrise manifestiert, ist von Hybridität gekennzeichnet. Kader Konuk beschreibt den charakteristischen Sprachstil Özdamars wie folgt:

> „Özdamar `denkt´ auf türkisch und schreibt auf deutsch; damit integriert und löst sie ihre Muttersprache so in die deutsche Sprache auf, daß Spuren ihrer Migration auf stilistischer Ebene sichtbar bleiben. Die Autorin irritiert durch sprachliche Verflechtungen und Verdrehungen. Sie entfremdet die deutsche Sprache und damit das Medium, durch das sich Kultur vermittelt."[18]

Kennzeichnend für die literarische Sprache Özdamars sind Übertragungen von türkischen Redewendungen ins Deutsche und damit eine Nichtbeachtung von semantischen und grammatischen Regeln. Diese Regelverstöße sind jedoch keine Fehler, sie werden von der Autorin intendiert und als künstlerische Ausdrucksform der kulturellen Identität verwendet (Konuk 1997: 93). Die Erzählung beginnt sie mit einem erklärenden Satz, der auf eine kontaktkulturelle Sichtweise verweist:

> „In meiner Sprache heißt Zunge: Sprache.
>   Zunge hat keine Knochen, wohin man sie dreht, dreht sie sich dorthin. [...]."[19]

Der nachfolgende Satz ist eine türkische Redewendung, die ins Deutsche transformiert wurde und auch eine Art Bekenntnis der Autorin für ihr literarisches Schreiben. Sie signalisiert, dass sie ihre Zunge „drehen" wird, indem sie wortgetreue Übersetzungen aus dem Türkischen einfließen lässt. „Mutterzunge" geht auf das türki-

---

[17] Özdamar, E. Sevgi (1998): *Mutterzunge*. KIWI Verlag, Köln 13.
[18] Konuk, Kader (1997): *Identitäten im Prozeß*. Die blaue Eule Verlag, Essen. S. 91.
[19] Özdamar, E. Sevgi (1998): *Mutterzunge*. KIWI Verlag, Köln. S. 9.

sche „anadili" zurück, das aus zwei Nomen besteht und durch eine Genitivkonstruktion („dili") zusammengesetzt ist: „ana" = Mutter und „dil" = Zunge; Sprache. Das Wort „drehen" kann im Türkischen auch „übersetzen" heißen. Demnach bedeutet „gedrehte" Zunge „übersetzte Sprache". Vielmehr hat es hier allerdings die Bedeutung, dass der Mensch selber die Kontrolle über seine Zunge/Sprache hat. Er kann sie „drehen" wohin er will und ist dadurch für seine Worte und somit auch Taten verantwortlich. Doch es ist anzumerken, dass Özdamar nicht nur die türkische Sprache beherrscht, sondern auch die kurdische und deshalb auch kurdische Redewendungen ins Deutsche transformiert. Der Satz „Noch ein Wort in meiner Mutterzunge kam mal im Traum vorbei" (S. 12) entspricht nicht den Normen der deutschen Sprache. Ebenso wäre eine Rückübersetzung ins Türkische semantisch und grammatikalisch fehlerhaft. Aus diesem Grund ist anzunehmen, dass die Formulierung „im Traum vorbei kommen" eine Übernahme aus dem Kurdischen ist.

4.3.3 Methodische Überlegungen

Die vorliegende Erzählung ist aufgrund ihrer außergewöhnlichen sprachlichen Gestaltung bzw. der kulturspezifischen sprachlichen Mittel sehr anspruchsvoll. Vor der Bearbeitung des Textes im Unterricht ist es deshalb wichtig, dass Schüler biographische Hintergrundinformationen zu Özdamar erhalten oder sich beschaffen. Dies ist für das Textverstehen notwendig, da hier die Ich-Erzählerin mit der Autorin identisch ist. Um die bereits genannten Lernziele zu erreichen, können folgende Methoden zur Umsetzung herangezogen werden:

1. Assoziationen „Zunge":

Assoziationsübungen dienen dazu einen Zugang zum Unterrichtsinhalt zu finden und die Motivation zu steigern. Um den Einstieg zu erleichtern sollen Schüler mit Hilfe von Mind Maps durch eigene Assoziationen unterschiedliche Funktionen der Zunge finden. Dabei können Hinweise des Lehrers auf das Zungenpiercing die emotionale Beteiligung der Schüler herausfordern. Diese Übung eignet sich als Gruppenarbeit auf Plakaten oder auch in der Klasse an der Tafel.

2. Sprichwörtliche Redensarten im Text sammeln und erklären:

Um weiterhin das Textverständnis zu erleichtern, sollte als Nächstes die Sprache in der Erzählung analysiert werden. Das auffälligste Stilmittel in diesem Text ist, wie bereits mehrmals erwähnt, die wörtliche Übersetzung von türkischen bzw. kurdischen Redensarten ins Deutsche. Der Lehrer erteilt die Aufgabe, sprichwörtliche Redensarten, die im Text vorkommen, zu sammeln und einen Erklärungsversuch zu starten. Dabei wäre es von Vorteil, Schüler mit türkischer und kurdischer Muttersprache als Experten ihrer „Mutterzunge" heranzuziehen. Doch auch Schüler mit Deutsch als Muttersprache fungieren als Experten, wenn es um die Frage geht, welche deutschen Redensarten sinngemäß den türkischen entsprechen. Es folgen nun einige Beispiele:

Im Text vorkommende Redensart (sprichwörtlich)	Bedeutung	Deutsche Entsprechung
„Zunge hat keine Knochen, wohin man sie dreht, dreht sie sich dorthin" S. 9	Über die Zunge erreichen sowohl gute als auch böse Worte unsere Mitmenschen.	Die Zunge hüten; seiner Zunge freien Lauf lassen
„Du hast die Hälfte deiner Haare in Alamania gelassen" S. 9	Die beste Zeit, die Jugend in der Fremde verbringen, „lassen".	noch nicht angekommen sein, noch nicht Fuß gefasst haben (?)
„man hat ihnen die Milch, die sie aus ihren Müttern getrunken haben, aus ihrer Nase rausgeholt" S. 14	Sie wurden soweit gebracht, dass sie ihre Taten bereut haben.	J-m etwas eintränken, schwer zu büßen haben, j-n teuer zu stehen kommen
„mein Kopf ist aus seinem Platz gesprungen" S. 10	entsetzt sein, schockiert sein	in einen Schock versetzt werden (?)

Es ist deutlich zu sehen, dass es schwierig ist für die türkischen Redensarten deutsche Entsprechungen zu finden, die exakt dieselbe Bedeutung wiedergeben. Deshalb ist es notwendig, im Unterricht über dieses Problem zu reden und mögliche Lösungen zu diskutieren.

Es können aber auch Redensarten gesammelt werden, die nicht im Text stehen, aber das Wort „Zunge" enthalten:

Redensart	Bedeutung
mit gespaltener Zunge reden	lügen, unterschiedliche Aussagen machen
nicht über die Zunge bringen	sich scheuen, eine Aussage zu machen
sich die Zunge ausrenken	pausenlos, wortreich reden
in fremden Zungen reden	in einer fremden Sprache reden
eine glatte Zunge haben	geschickt lügen, schmeicheln
mit tausend Zungen reden	etwas wiederholt sagen, predigen

Mit diesen Methoden lernen Schüler deutsche und türkische sprichwörtliche Redensarten kennen und erfahren, welche unterschiedlichen Bedeutungen diese abdecken.

3. Diskussion:

Nach der sprachlichen Analyse wird nun die inhaltliche Aussage der Erzählung in einer abschließenden Diskussion interpretiert. Dabei werden folgende Leitfragen gestellt:

Welche Bedeutung hat die „Mutterzunge" für die Protagonistin?
In wiefern kann hier von einem Identitätsverlust gesprochen werden?
Wie lassen sich im Text die erwähnten Lebensstationen mit dem Verlust der Muttersprache verbinden?
Was bewegt die Ich-Erzählerin Arabisch zu lernen?

Anzumerken ist noch, dass der Text nicht nur das Thema der sprachlichen Identität zentral behandelt, sondern auch eine kulturelle Dimension enthält, die Deutschland und die Türkei umfasst. Aus diesem Grund sollten Textpassagen, die gesellschaftspolitische Verhältnisse in der Türkei thematisieren, durch zusätzliche Informationen ergänzt werden, um das erforderliche Kontextwissen zu erweitern.

4.4 *Ich bin Papst*. Osman Engin

4.4.1 Reflektierte Selbst- und Fremdwahrnehmung – didaktische Begründung

Die Satire ist eine literarische Form, welche grundlegende Unzufriedenheit mit gesellschaftlichen Zuständen, ästhetisch und pointiert artikuliert. Laut Duden ist die Satire

> „eine Literaturgattung, die durch Spott, Ironie und Übertreibung bestimmte Personen, Anschauungen, Ereignisse oder Zustände kritisieren bzw. verächtlich machen will."[20]

Mit satirischen Texten kann der Autor etwas Negatives, sei es gesellschaftliches und individuelles Fehlverhalten oder kritikbedürftige Gesellschaftsformen, angreifen und bloßstellen, um sie dann als veränderungsbedürftig zu kennzeichnen.

Vor allem Jugendliche der Sekundarstufe sehen in der Auseinandersetzung mit Normen und Werten ein Problem, welche durch Widersprüchlichkeiten zwischen Worten und Taten der Erwachsenen hervorgerufen wird. Engin zieht in seiner Satire *Ich bin Papst* die voreingenommene, ja erniedrigende Haltung der deutschen Behörden gegenüber Ausländern, hier Türken, ins Lächerliche und setzt dieses Verhalten der Kritik aus. Durch produktive Verfahren trainieren Lernende, den eigenen Standpunkt zu klären und den ihres Partners richtig einzuschätzen und werden somit zu einer reflektierten Selbst- und Fremdwahrnehmung geleitet. Sie erkennen die moralische bzw. die belehrende Absicht der Satire, Stereotype zu sehen und zu hinterfragen. In der Geschichte wird dem Prota-

---

[20] Duden (2000): *Schülerduden, Literatur. Ein Lexikon zum Deutschunterricht.* Dudenverlag, Mannheim. S. 317.

gonisten Osman von der Sachbearbeiterin Frau Kottzmeyer-Göbelsberg die Identität eines ungebildeten, „rückständigen" Türken aufgezwungen, woraufhin er durch sein korrektes Deutsch diese Identität bricht. Die spöttische Darstellung verhilft Schülern, sich von dieser Einstellung zu distanzieren und Vorurteile abzubauen, sowie Aversionen gegen Fremde zu bekämpfen. Ferner dient die Satire dem Zweck, Schüler für die Wahrnehmung von stilistischen und kompositorischen Mitteln zu sensibilisieren. Da die satirische Wirkung an bestimmte sprachliche Darstellungsweisen gebunden ist, gewinnen Schüler bei der Erfassung der Relation zwischen Inhalt und Form Kenntnisse über besondere Stilmittel wie die Ironie, Übertreibung und Verfremdung, sowie die Fähigkeit diese zu definieren und anzuwenden. Die Analyse der Figuren ermöglicht ein intensives Hineindenken und Hineinfühlen in Situationen und Personen.

Die Satire bietet aufgrund der einfachen und humoristischen Art der Darstellung einen hohen Leseanreiz und ist als Einstieg in die Problematik geeignet. Deshalb ist der Text auch bereits in der Mittelstufe des Gymnasiums einsetzbar. Es ist dabei zu beachten, dass möglicherweise Vorarbeit geleistet werden muss, damit Schüler die hinter der Kritik stehende Norm erkennen und verstehen.

4.4.2 Satirische Relativierung von Vorurteilen und aufgezwungene Identitäten – thematische Analyse

Die komische Satire *Ich bin Papst!* von Osman Engin erschien in seinem Satire-Band *West-Östliches Sofa*. Sie persifliert die sogenannte „Beamtenmentalität" dort, wo es um den Umgang mit Ausländern geht, durch die Figur einer Beamtin mit dem Namen „Kottzmeyer-Göbelsberg".

Der auktoriale (allochthone) Ich-Erzähler Osman, der unter dem bürgerlichen Namen des Autors agiert, hat die deutsche Staatsbürgerschaft beantragt und befindet sich nun in der Endphase. Die Beamtin in der Ausländerbehörde, seine „Lebensabschnittspartnerin" (S. 7) Frau Kottzmeyer-Göbelsberg, muss dafür das Dokument unterschreiben, welches ihre „langjährige, innige Beziehung endgültig beendet" (S. 7). Es gibt allerdings noch eine kleine Hürde, die der Protagonist Osman überwinden muss: ein Sprachtest. Doch langsam kommen Zweifel an der Kompetenz der Sachbearbeiterin auf. Sie verfällt jedes Mal, wenn sie ihn anspricht, in das typische

„Tarzan-Deutsch" (S. 8), das mit Ausländern gesprochen wird. Als Osman das Testdokument, die Bildzeitung mit der Schlagzeile „Wir sind Papst" vorliest, nimmt die Verwirrung zu. Schließlich bemerkt Frau Kottzmeyer-Göbelsberg in den Akten, dass er bereits mehrere Bücher verfasst hat, eigentlich auch lesen können müsste und übergibt ihm den deutschen Pass.

Dem Autor Osman Engin gelingt es hier in einer raffinierten Art und Weise absurde Situationen im Umgang mit Ausländern durch sprachliche Mittel sichtbar zu machen. Bei der sprachlichen Gestaltung bedient er sich der Stilmittel, die für die Satire typisch sind. So tauchen im Text häufig ironische und metaphorische Elemente, Kontraste und Verfremdungen auf (Fritz 1980: 13). Schon der Name „Kottzmeyer-Göbelsberg" überrascht den Leser, da das negativ konnotierte Homonym „kotz´" von dem Verb „kotzen" kaum zu überhören ist. Dieser übelklingende Name verführt den Leser zum Lachen, so dass die Aufmerksamkeit auf diese Figur gelenkt wird. Die metaphorische Bezeichnung „Lebensabschnittspartnerin" (S. 7) weicht vom Gemeinten zwar ab, stimmt allerdings in bestimmten Bedeutungsmerkmalen überein. Komisch ist jedoch nicht nur ihr Name, sondern auch der Widerspruch zwischen ihren Worten und Taten. Die Sachbearbeiterin unterzieht den „Türken" einem Sprachtest, da er nur eingebürgert wird, wenn er die deutsche Sprache beherrscht. Doch diese Voraussetzung kann die Prüferin selber nicht erfüllen wenn sie Osman mit einem „Tarzan-Deutsch" anspricht. Diese Situation stellt einen Kontrast dar, bei dem die Wirklichkeit, also der Ist-Zustand, dem Ideal bzw. der Norm, also dem Soll-Zustand, gegenübergestellt wird. Der zu große Unterschied zwischen dem, was Frau Kottzmeyer-Göbelsberg zu sein vorgibt und wie kompetent sie tatsächlich ist, zieht das Ganze ins Lächerliche. Ihre Inkompetenz zeigt sich zum Schluss noch deutlicher. Da sie den Protagonisten nicht als Individuum betrachtet, sondern ihm die Identität eines „Ausländers" aufzwingt, sieht sie erst gar nicht seine Akte ein und weiß auch nicht, weshalb Osman dort ist („Was du wollen? Du Asyl?", S. 8). Der Autor greift hier ihre voreingenommene Haltung gegenüber Ausländern an. Der Türke als eigentliches Opfer wird nun zum Angreifer. Dieser Verfremdungseffekt wird gesteigert als Osman den Spieß umkehrt und plötzlich anfängt „einigermaßen gutes Deutsch" (S. 8) zu sprechen und an ihrer Kompetenz zweifelt. Als er von Frau Kottzmeyer-Göbelsberg nicht verstanden wird („Ich dich nicht verstehen!" S. 8), verfällt er wieder in <u>ihre</u> Sprache und gibt auf ironische Weise zu, dass er nicht so gut Deutsch spricht wie die Beamtin. Auffallend ist zudem, dass die Beamtin auf ihrem gebrochenen Deutsch beharrt, obwohl sie später feststellt, dass er bereits über zehn Bücher verfasst hat und deshalb auch gut lesen und sprechen kann.

4.4.3 Produktive Verfahren zur Thematisierung – methodische Hinweise

Bevor die Satire im Unterricht eingesetzt wird, muss bei den Schülern ein Vorwissen über diese Literaturform bereits vorhanden sein. Dazu sollte der Lehrer am Anfang den Begriff „Satire" und die satirischen Elemente definieren und erklären. Diese Definitionen können Schüler dann bei der Analyse des Textes nachvollziehen.

Es ist allerdings auch möglich, dass Schüler Merkmale einer Satire anhand des vorliegenden Textes erschließen und sich somit auch einer neuen literarischen Form nähern. Dafür sind genaue Anweisungen des Lehrers notwendig.

1. Sprachanalyse:

Schüler werden in Gruppen aufgeteilt und erhalten die Aufgabe, alle stilistischen Mittel im Text herauszuschreiben. Die Ergebnisse werden im Unterrichtsgespräch an die Tafel geschrieben und besprochen. Es wird verlangt, dass Lernende ihre Ergebnisse auch begründen und diskutieren. Sie sollen dabei erkennen, wie Über- und Untertreibungen, Metaphern und Verfremdungen eingesetzt werden um eine bestimmte gesellschaftliche Situation satirisch darzustellen. Schließlich kann der Lehrer damit die Kenntnis der Technik der Satire und die Einsicht in die Struktur des Textes überprüfen.

2. Figurenanalyse:

Nachdem die Sprache untersucht wurde, sollen nun die vorkommenden Charaktere analysiert werden, damit eine Beziehung zwischen Sprache und Inhalt wahrgenommen und artikuliert werden kann. Bei der Charakterisierung werden beide Figuren jeweils einer Opferrolle und einer Angreiferrolle zugewiesen. Zunächst ist Osman als ein typischer Ausländer („Türke") zu beschreiben, der von einer deutschen Beamtin angegriffen wird. Im Laufe der Handlung kehrt sich diese Rollenzuteilung um und die Beamtin wird zum

„Opfer", während Osman der Überlegene ist. In einem Unterrichtsgespräch sollte geklärt werden, was der Autor mit dieser Figurenkonstellation und ihren Handlungen intendiert.

Satirische Texte dienen der Meinungsäußerungen des Autors, die ebenfalls zur Stellungnahme des Lesers herausfordern. Dies kann im handlungsorientierten Unterricht beispielsweise durch ein Rollenspiel erreicht werden. Indem der Schüler in die Rolle des Opfers oder Angreifers schlüpft, übernimmt er die Perspektive dieser Figur und kann sich leichter damit identifizieren. Um die Kritikfähigkeit der Schüler zu trainieren, kann auch ein über den Text hinausführendes Rollenspiel inszeniert werden. Die Umformung des Handlungsablaufs erfordert eine intensive Auseinandersetzung mit der Thematik und der Absicht des Autors.

Es muss darauf geachtet werden, dass die im Unterrichtsverlauf gewonnen Einsichten auf die aktuelle gesellschaftliche Situation transferiert werden.

4.5 *Kanak* Sprak und *Koppstoff*. Feridun Zaimoglu

4.5.1 Das Konzept

In seinem 1995 erschienen Buch *Kanak Sprak* vereint Zaimoglu 24 kurze Prosatexte, die auf Interviews mit jungen türkischstämmigen Männern im Alter zwischen 20 und 30 Jahren basieren. Die meisten der interviewten Jugendlichen sind in Drogenhandel und Kleinkriminalitäten verwickelt, verbringen ihre Zeit auf der Straße oder in Kneipen. Der Jüngste unter ihnen ist der 13jährige „Streuner und Schüler" Hasan (*Kanak Sprak*, S. 91), einige sind Intellektuelle und in wissenschaftlichen Feldern tätig. Ihre politische und religiöse Einstellung reicht von „Revolutionär" bis „Islamist". Die „weibliche Sichtweise" (*Koppstoff*, S. 9) der Dinge stellt Zaimoglu in *Koppstoff*, das 1997 veröffentlicht wurde, dar. Das Buch ist eine Fortsetzung von *Kanak Sprak* und beinhaltet 26 Selbstdarstellungen von Frauen türkischer Herkunft. Im Gegensatz zu den männlichen haben mehr als die Hälfte der weiblichen „Kanaken" das Abitur, sie studieren oder sind in einer höheren Position tätig. Ihr Alter liegt zwischen 17-63 Jahren, wobei die meisten 20 bis 30 Jahre alt sind.

„Wie lebt es sich als Kanake in Deutschland?"[21] lautete Zaimoglus Eingangsfrage. Er erstellte eine Sammlung von Monologen mit diversen Sprechern, deren Eltern bzw. Großeltern aus der Türkei gekommen sind. Ihnen ist gemeinsam, dass sie die Erfahrungen der gesellschaftlichen, sozialen und kulturellen Marginalisierung teilen. Diese Erfahrungen von Fremdheit arbeitet Zaimoglu in seinen Protokollen auf indem er die Tonbandaufnahmen seiner Gespräche ästhetisch umformt und ein in sich homogenes Sprachbild schafft. Er will keine Betroffenheitsliteratur, keine „weinerliche, sich anbiedernde und öffentlich geförderte Gastarbeiterliteratur"[22], die die „Legende vom armen, aber herzensguten Türken Ali"[23] verbreitet, schreiben. Denn es hat sich längst eine Generation X gebildet, die sich mit stolzem Trotz als „Kanaken" oder „Kümmel" bezeichnen und hier „in ihrer eigenen Zunge zu Wort kommen"[24]

4.5.2 Identität durch Sprache

Das Wort „Kanake", eine abwertende Bezeichnung für Ausländer (v.a. Türken), hat nach dem etymologischen Wörterbuch die Bedeutung „Mensch" und wurde aus dem Polynesischen entlehnt. „Kanaka" ist die Bezeichnung für die Eingeborenen in Polynesien und der Südsee (vgl. *Etymologisches Wörterbuch Kluge*). Der einleitenden Information des Autors zufolge, kehren nun Teilgruppen aus dem Submilieu das Schimpfwort um und stilisieren sich ihrerseits als „Kanaken". Diese stolze Selbstbetitelung vereint die junge Migrantengeneration, die weder Deutsche noch Türken sind, und verschafft ihnen eine neue Identität zwischen der deutschen und der türkischen Welt. Im Vorwort schreibt Zaimoglu:

> „Auch wenn sie zu einer endgültigen Entscheidung gezwungen würden, die Kanaken suchen keine kulturelle Verankerung. Sie möchten sich weder im Supermarkt der Identitäten bedienen, noch in einer egalitären Herde von Heimatvertriebenen aufgehen. Sie haben eine eigenen innere Prägung und ganz klare Vorstellungen von Selbstbestimmung."[25]

---

[21] Zaimoglu, Feridun (1995): *Kanak Sprak – 24 Mißtöne vom Rande der Gesellschaft*. Rotbuch Verlag. S. 9.
[22] Zaimoglu, Feridun (1995): *Kanak Sprak – 24 Mißtöne vom Rande der Gesellschaft*. Rotbuch Verlag 11.
[23] Ebd. S. 12.
[24] Ebd. S. 18.
[25] Ebd. S. 12.

Kanak Sprak ist eine sprachliche Manifestation ihrer revolutionären Bewegung und eine gemeinschaftsstiftende Brücke. Zaimoglu definiert die Sprache als „eine Art Creol oder Rotwelsch mit geheimen Codes und Zeichen"[26] Kreolsprachen entwickelten sich im Zuge der Kolonisation als Einheimische ihre Muttersprache aufgaben, um sich der Sprache der Kolonialherren anzupassen. Es entstand eine Mischsprache aus Bruchstücken der Fremd- und Muttersprache (Mein 2004: 206). Diese Sprachmischung, auch „Hybridität" genannt, prägt ebenfalls die Kanakengeneration.

> „Die Wortgewalt des Kanaken drückt sich aus in einem herausgepressten, kurzatmigen und hybriden Gestammel ohne Punkt und Komma, mit willkürlich gesetzten Pausen und improvisierten Wendungen. Der Kanake spricht seine Muttersprache nur fehlerhaft, auch das „Alemannisch" ist ihm nur bedingt geläufig. Sein Sprachschatz setzt sich aus „verkauderwelschten" Vokabeln und Redewendungen zusammen, die so in keiner der beiden Sprachen vorkommen. In seine Stegreif-Bilder und -Gleichnisse lässt er Anleihen vom Hochtürkisch bis zum dialektalen Argot anatolischer Dörfer einfließen."[27]

Da eine kulturelle Verankerung weder im Deutschen noch im Türkischen geschieht, nehmen sie den Zwischenraum, der ihnen zugewiesen wird, ein. Der Verlust der eigenen Identität, der durch den Verlust der Muttersprache einhergeht, wird durch die Kanakensprache kompensiert und zugleich ein anderes kulturelles Bewusstsein konstruiert. Mit anderen Worten: die Sprache wird zum zentralen Mittel der Identitätsbildung.

4.5.3 Didaktische Begründung

Die Literatur von Feridun Zaimoglu stellt einen Extremfall von deutschsprachiger Prosa dar. Sie zeigt auf eine aggressive und radikale Art, wie sich Jugendliche der zweiten und dritten Migrantengeneration mit den kulturellen und gesellschaftlichen Folgen

---

[26] Ebd Zaimoglu, Feridun (1995): *Kanak Sprak – 24 Mißtöne vom Rande der Gesellschaft*. Rotbuch Verlag. S. 13.
[27] Ebd. S.13.

der Migration auseinandersetzen. Zum einen bringt Zaimoglu das Selbstverständnis bzw. Selbstbild von Migranten ans Tageslicht, zum anderen zeigt er den Deutschen, wie sie durch die Anderen gesehen werden. Gerade deswegen sollten die Texte Zaimoglus mit dem Ziel des interkulturellen Lernens im Unterricht eingesetzt werden. Durch die Auseinandersetzung mit den Texten werden Schüler sowohl mit dem Bild des Fremden, als auch mit dem Eigenen konfrontiert. Ihre Aufmerksamkeit wird durch die Sichtweise des Anderen auf die eigene Kultur gelenkt.

Die Texte bieten auf inhaltlicher und sprachlicher Ebene mehrere Zugänge für Schüler. Es werden viele kulturübergreifende Themen aufgegriffen, von denen alle Jugendliche betroffen sind. Dabei geht es um Generationskonflikte, Erwachsenwerden, Liebesbeziehungen und damit auch Sexualität. Es werden Situationen und Perspektiven am Rande der Gesellschaft beleuchtet und der Blick durch die Brille des Fremden ermöglicht. Indem sich Schüler mit den Protokollen intensiv beschäftigen, z. B. die Sprache analysieren und Hörspiele erstellen, können sie sehen, wie Deutschland und die deutsche Gesellschaft von Menschen aus anderen Kulturen wahrgenommen und beurteilt werden. Dieser Punkt ist für den Unterricht ertragreich, denn die im Text vorkommenden Klischees und Pauschalisierungen ermöglichen Lernenden das Prinzip der Stereotypenbildung zu analysieren und dadurch Wertungen sowie Vorurteile zu identifizieren und zu begreifen. Ferner führen die vorwurfsvollen Fremdeinschätzungen im Text zu einer distanzierten Selbstwahrnehmung.

Neben diesen Themen reizt auch die unverwechselbare Sprache, derer sich Zaimoglu in seinen Texten bedient, zur Auseinandersetzung. Es bietet sich an, diese Texte unter dem Gesichtspunkt des Sprachwandels und der Jugendsprache, die hier durch türkischstämmige Jugendliche beeinflusst wird, im Unterricht zu nutzen.

> „Die Auseinandersetzung mit Phänomenen der Sprachveränderung ist für den Deutschunterricht insofern relevant, als dadurch eine distanzierte Haltung zur Sprache gefördert wird, die für eine reflektierte und kritische Sprachbetrachtung wichtig ist. Angesichts sich ständig verändernder Wirklichkeitserfahrungen kann Sprache als ein Instrument gesehen wer-

den, das sensibel und effizient auf Veränderungen reagiert und diese verarbeitet."[28]

Während Schüler Textpassagen „übersetzen", erfahren sie eine Sensibilisierung gegenüber ihrer eigenen Sprache, sei es Türkisch oder Deutsch, und erlernen einen bewußteren Umgang mit ihrer Sprache. Insbesondere die Entfremdung der eigenen Sprache spielt bei der Analyse eine wichtige Rolle, da eine Begegnung mit kulturellen Differenzen auf sprachlicher Ebene möglich wird.

Aufgrund der extremen Darstellungsweise und des komplexen Sprachmaterials sind die Texte sehr anspruchsvoll und würden sich nur für die Oberstufe eignen.

4.5.4 Hybridität als Unterrichtsgegenstand – methodische Überlegungen

Zur Einführung in das Thema empfiehlt es sich am Anfang der Stunde das Hörspiel einzusetzen, damit Schüler einen ersten Eindruck gewinnen können und sich leichter mit den Sprechern identifizieren können. Die Pop- und Rapmusik im Hintergrund, sowie zwischen den einzelnen Texten, wecken die Neugier der Jugendlichen und ermöglichen einen ersten Zugang zur Problematik. Durch diesen auditiven Einstieg erhalten Schüler auch die Gelegenheit, die gesprochene Sprache zu hören und zu verstehen, was eine hohe Konzentration erfordert. Anders als beim Lesen spricht das Hören einen anderen Sinn an, so dass auch verschiedene Lerntypen bedient werden können. Ein weiterer Effekt ist die Förderung der Lesemotivation, da durch die akustische Begegnung die schwierigen Texte entlastet werden. Alternativ würde sich auch Zaimoglus Vorwort *in Kanak Sprak. 24 Misstöne der Gesellschaft* und die Einleitung im Nachfolgeband *Koppstoff. Kanaka Sprak vom Rande der Gesellschaft* eignen. Darin erfahren Schüler mit welchen Intentionen Zaimoglu diese Bände verfasst hat und welche Position er einnimmt.

Im weiteren Verlauf des Unterrichts sollte die Hybridität in den Texten erforscht werden. Mit dem Begriff der Hybridität ist die

---

[28] Kämper van den Boogart, Michael (2003): *Deutschdidaktik*. Cornelsen Verlag, Berlin. S. 239.

Vermischung sowohl auf der sprachlichen als auch auf der inhaltlichen Ebene gemeint.

1. Sprache untersuchen:

Um die hybride Sprache in den Texten zu analysieren, sollte ein Text ausgewählt werden, in dem auch unterschiedliche sprachliche Stile erkennbar sind. Manche Texte sind nämlich in „reiner" deutscher Sprache geschrieben, so dass sie keinen Wechsel der Sprachen beinhalten (vor allem die Texte in *Koppstoff*). Zur Bearbeitung wären z. B. folgende Texte geeignet:

> ➢ *Der direkte Draht zum schwarzen Mann* in *Kanak Sprak*, S. 27
> ➢ *Der Wissenhaber verschluckt sich nicht an Klugheit* in *Koppstoff*, S. 121

In beiden Texten wechseln die Sprecher zwischen der türkischen und deutschen Sprache und gebrauchen auch Anglizismen, sowie Elemente der Varietäten und Wortneuschöpfungen. Der Lehrer erteilt nun die Aufgabe einzelne Wörter aus den Texten verschiedenen sprachlichen Kategorien zu zuordnen und tabellarisch darzustellen. Ein Beispiel:

Türkisch	Wortneuschöpfung	Englisch	Dialekt
akıllı oğlum (*Koppstoff*, S. 121)	schneuzerkümmel (*Kanak Sprak*, S. 33)	rap-times (*Kanak Sprak*, S. 27)	ollen groll (*Kanak Sprak*, S. 27)

Auch der Begriff „Code-Switching", der den Wechsel zwischen Sprachcodes meint, sollte hier eingeführt werden.

Als Sozialform ist hier die Gruppenarbeit zu wählen. Bei der Einteilung muss der Lehrer darauf achten, dass in jeder Gruppe mindestens ein türkischer Schüler beteiligt ist und als „Experte" für die türkische Sprache herangezogen werden kann. Schließlich sollte jede Gruppe ihre Ergebnisse vortragen und dabei versuchen, die Bedeutung der einzelnen Wörter zu erklären. Es muss erkannt werden, dass diese „Code-Switchings" nur bei bestimmten Situationen auftreten, wenn es zum Beispiel das Wort in derselben Bedeutung im Deutschen nicht gibt.

2. Textpassagen „übersetzen":

Eine weitere Methode, die bei der Bearbeitung des Textes angewandt werden kann, ist die Übersetzung einzelner Textpassagen oder kurzer Texte. Hier ist eine Übertragung der "kanak Sprak" in eine andere Sprachebene, beispielsweise das Hochdeutsche, gemeint. Bei dieser Methode kann auch die bereits erarbeitete Tabelle herangezogen werden.

Ziel dieser Übung ist es, die Vermischung der Sprachen, dem die Schüler auch im alltäglichen Leben begegnen, zu erläutern und ihre sprachlichen Kompetenzen zu erweitern. Indem Jugendliche „ihre" Sprache analysieren, können sie damit auch bewusster umgehen und eventuell auch Fehler vermeiden.

3. Eigenen Hörtext erstellen

Nun ist die Kreativität der Lernenden gefragt. Es soll ein eigenes Hörspiel erstellt und mit Geräuschen und Musik untermalt werden. Hierbei können Schüler selbst entscheiden, ob sie einen von Zaimoglus Texten verwenden oder selbst einen Text mit ähnlichen Themen verfassen möchten. Letzteres könnte etwas schwieriger und zeitaufwändiger sein, da erst der Text produziert werden muss und nicht jeder Schüler schreibgewandt ist. Dennoch bietet diese Methode den Vorteil, dass der Lehrer dadurch kreatives Schreiben und Medienerziehung verbinden kann.

4. Diskussion über die eigenen Standorte

Am Ende dieser Unterrichtssequenz folgt eine Zusammentragung der gewonnen Erkenntnisse. In einer Art Gesprächsrunde bringt jeder Schüler seine Erfahrungen, die er im Alltag mit der Sprache macht, ein und vertritt seine eigene Meinung zum Thema „Hybridität". In einer abschließenden Diskussion sollte geklärt werden, welche Bedeutung die Minderheitensprache für das Deutsche hat und inwieweit Sprache unsere Identität beeinflusst.

Schließlich sollte auch auf weitere Themen, die in den Texten vorkommen, wie z. B. Generationskonflikte, Erwachsenwerden oder Liebesbeziehungen, eingegangen werden.

5. Resümee

Interkulturelle Literatur ermöglicht einen Einblick in fremde Kulturen. Dabei spielt nicht nur die Kulturvermittlung eine wichtige Rolle, sondern vielmehr die reflektierte Selbst- und Fremdwahrnehmung, sowie die Herstellung einer Verbindung zwischen dem Eigenen und dem Fremden. Die vorliegende Arbeit hat gezeigt, dass der Einsatz von türkischer Migrantenliteratur im gymnasialen Deutschunterricht zur Förderung der interkulturellen Kompetenz beiträgt. Es ging auch darum, den Zusammenhang zwischen Sprache und Inhalt dieser Literatur aufzuzeigen und zu didaktisieren. Während der didaktischen und methodischen Analyse haben sich einige Punkte herauskristallisiert, die für den Einsatz der vorgestellten Texte im Unterricht vorauszusetzen sind. Im Folgenden sollen die Ergebnisse kurz zusammengefasst werden.

5.1 Zur Sprache und Thematik der Texte

Die untersuchte Migrantenliteratur türkischer Autoren spiegelt die Geschichte der in Deutschland lebenden Arbeitsmigranten wider. Anfangs wurde durch die Literatur die als ungerecht erfahrene Situation zum Ausdruck gebracht. Auf die häufige strukturelle und soziale Benachteiligung reagierten „Gastarbeiter" mit der Betonung ihrer eigenen kulturellen Identität. Dabei wurde von einigen Autoren, wie z. B. Aras Ören, bewußt die türkische Sprache gewählt um in der Fremde den Anschluss an die Herkunftskultur aufrecht zu erhalten. Eine erfolgreiche „Integration", die nahezu utopisch erscheint, gelang Yüksel Pazarkaya, der sich in beiden Heimatländern und Sprachen wohlfühlt und diese Einstellung auch in seinem Gedicht *deutsche sprache* artikuliert.

In der Literatur der zweiten und dritten Generation ist eine Aufbruchstimmung deutlich spürbar. Zum Schreiben bewegt nun nicht mehr die unterdrückerische Haltung gegenüber Minderheiten oder Probleme zwischen zwei Kulturen. Autoren der jüngeren Generation fühlen sich nicht mehr als „Betroffene" und wollen im deutschen Leserpublikum kein Mitleid erwecken. Sie sind selbstbewusster geworden und drücken dies auch in ihren literarischen Werken aus. Mit seinen Satiren kehrt Osman Engin den Spieß um und macht nun den Deutschen, in diesem Fall eine deutsche Beamtin, betroffen. Indem er ihre vorurteilsbehaftete Einstellung und diskriminierende Haltung gegenüber dem Protagonisten ins Lächerliche zieht, hält er gleichzeitig seinem deutschen und türkischen Leser einen

Spiegel vor und zeigt im Grunde die gesellschaftspolitische Realität. Der selbstbewusste Umgang mit der eigenen Andersartigkeit ist auch in den Erzählungen Özdamars und Zaimoglus deutlich spürbar. In ihren Texten thematisieren sie nicht nur die Vermischung beider Kulturen, sondern verwenden eine hybride Sprache als Ausdrucksmittel ihrer Kunst. Während Özdamar in ihrer Erzählung *Mutterzunge* die deutsche Sprache durch bildhafte türkische Redewendungen und poetische Bilder aus der türkischen Alltagskultur, die sie wörtlich übersetzt, verfremdet, wählt Zaimoglu eine extremere Variante aus um die Auswirkungen der Migration auf junge Türken darzustellen. Er entwickelt eine neue Kunstsprache, die er *kanak sprak* nennt, die hybride Sprache der „Kanaken". Anders als Zaimoglu, protokolliert Özdamar nicht die mündlichen Erzählungen von Migranten, sondern versucht aus der Sicht eines literarischen Ichs von der sukzessiven Entfremdung der Muttersprache und der Entwurzelung zu erzählen.

5.2 Zusammenfassung der Lernziele und Methoden

Die vorgestellten lyrischen und prosaischen Texte wurden nach ihrem Gehalt für die Ausbildung interkultureller Kompetenzen analysiert. Die nachfolgende Tabelle fasst wichtige Lernziele und Methoden zusammen.

Text	Didaktische Aspekte	Methoden
Made in Germany (Aras Ören)	1. Divergierendes Denken 2. Kenntnisse über Migrationsprozesse und migrationsbedingte Lebenslagen 3. Perpektivenwechsel 4. Kenntnisse über sprachliche und formale Gestaltung eines Gedichts	1. Präsentation als „Liebesgedicht" 2. Gedichtanalyse 3. Fortsetzung des Gedichts

deutsche sprache (Yüksel Pazarkaya)	1. Bedeutung von Heimat und Sprache 2. Fremdverstehen	1. Formulierung eines Titels 2. Veränderung der Form 3. Kreatives Schreiben
Mutterzunge (Emine Sevgi Özdamar)	1. Vermittlung von kulturellen Besonderheiten 2. Hybridität der Sprache 3. Wissen über sprachliche Mittel	1. Assoziationsübungen 2. Vergleich der türkischen und deutschen Redewendungen 3. Diskussion
Ich bin Papst (Osman Engin)	1. Selbst- und Fremdwahrnehmung 2. Abbau von Vorurteilen 3. Aufbrechen von Stereotypen 4. Wissen über satirische Stilmittel	1. Sprachanalyse 2. Figurenanalyse 3. Rollenspiel 4. Veränderung des Handlungsverlaufs
Kanak Sprak (Feridun Zaimoglu)	1. Identität 2. Selbst- und Fremdwahrnehmung (Abbau von Vorurteilen) 4. Reflexion über Sprache	1. Sprachanalyse 2. Übertragung von Textpassagen 3. Erstellung eines Hörspiels

5.3 Prämissen und Folgerungen

Wird in einer mehrsprachigen Klasse interkulturelle Kompetenz durch die untersuchte Migrantenliteratur erworben, so müssen einige Voraussetzungen erfüllt sein. Schüler sollten zum Thema Migration bereits über Vorkenntnisse verfügen, um die untersuchten Texte analysieren und verstehen zu können. Biographische Hintergrundinformationen zu einigen Autoren, die sich Schüler selbst beschaffen oder durch die Lehrkraft erhalten, helfen, die Handlung und die Intention des Autors besser nachzuvollziehen. Beim Einsatz der Erzählung *Mutterzunge* ist es empfehlenswert, Schülern zusätzliche Informationen zu gesellschaftspolitischen Verhältnissen in der Türkei zu geben.

Damit die angegebenen Lernziele erreicht werden können, ist es eine wichtige Voraussetzung, dass Lehrer sich mit dem Thema Migration intensiv beschäftigen und auch über Kenntnisse in der türkischen Kultur verfügen. Die Fähigkeit eine Vermittlerrolle zwischen zwei Kulturen zu übernehmen, ist als weitere Kompetenz des Lehrers unabdingbar. Dabei hat die Offenheit des Lehrers eine wichtige Vorbildfunktion für Lernende und ist daher eine wichtige Bedingung für interkulturelles Lernen. Daneben ist eine gewisse Sensibilität und Einfühlungsvermögen des Lehrers in die mehrkulturelle Klasse vorauszusetzen. Vor allem bei der Bearbeitung des Themas Vorurteile (s. *Ich bin Papst*) muss der Lehrer behutsam vorgehen, damit nicht die türkischstämmigen Schüler als Betroffene im Blickfeld stehen, sondern diejenigen, die diese Vorurteile hegen. Schließlich ist es die Pflicht des Lehrers darauf Wert zu legen, dass der Unterricht keinesfalls nur an türkische Schüler gerichtet ist, sondern dass er Angehörigen beider Kulturen ermöglicht gleichberechtigt miteinander zu lernen und zu leben.

6. Der Lehrplan und die interkulturelle Schulrealität – ein Ausblick

Die Lehrpläne zielen u.a. darauf, Schülern Kenntnisse über verschiedene historische, soziale und kulturelle Zusammenhänge zu vermitteln. Schüler sollen aber auch lernen, selbstbestimmt und verantwortungsbewusst zu handeln. Im Lehrplan des achtstufigen Gymnasiums heißt es:

> „Ein wichtiger Bestandteil gymnasialer Bildung ist das Anliegen, den Kindern und Jugendlichen ihre Verantwortung für sich selbst und für andere bewusst zu machen. Die Schüler sollen die Bedeutung angemessener Verhaltensweisen gegenüber ihren Mitmenschen erfahren und dabei auch die Achtung, den Respekt und die Rücksichtnahme lernen, die im Zusammenleben von Menschen erforderlich sind."[29]

Aufgabe von Bildung und Erziehung ist es also, junge Menschen zu einem respektvollen Zusammenleben in einer gemischtkulturellen Gesellschaft zu befähigen.

Der Deutschunterricht spielt eine ganz entscheidende Rolle, wenn Kinder und Jugendliche nationale Vorurteile hinter sich lassen und sprachliche und kulturelle Vielfalt als Selbstverständlichkeit erfahren sollen. Der Lehrplan für das Fach Deutsch sieht vor, dass Schüler „Klischees und Stereotype erkennen und werten, Sprechweisen unterscheiden, diskriminierenden Sprachgebrauch kennzeichnen und beurteilen"[30] Hier geht es sowohl um die sprachliche und kommunikative Kompetenz, als auch um die literarische und kulturelle Bildung. Schüler sollen darin geschult werden, mit Menschen anderer Kulturkreise unvoreingenommen zu kommunizieren und umzugehen. Der Erwerb von interkultureller Kompetenz im Deutschunterricht geschieht durch den Einsatz von Literatur mit interkulturellem Inhalt, der von bikulturellen Autoren verfasst wurde. Sie eröffnet einen neuen Erfahrungsraum, der Fragen und

---

[29] Das Gymnasium in Bayern: Profil und Anspruch des bayerischen Gymnasiums (Abs. 5); vgl.: http://www.isb-gym8-lehrplan.de/, abgerufen am 25.09.2007.
[30] Das Gymnasium in Bayern: D 9.3 Sprache untersuchen, verwenden und gestalten – Sprachbetrachtung: http://www.isb-gym8-lehrplan.de/, abgerufen am 25.09.2007.

Themen beinhaltet, die sonst nicht ans Tageslicht kommen. Fragen zur Migration, Identität und Zugehörigkeit können durch interkulturelle Texte und dementsprechende Unterrichtsmethoden bearbeitet werden (Wintersteiner 2006: 11-59). Heidi Rösch begründet den Einsatz von interkultureller Literatur folgendermaßen:

> „MigrationsautorInnen schreiben entgegen einer immer wieder veröffentlichten Meinung (z. B. Hamm 1988) nicht einfach über die Situation von MigrantInnen in Deutschland, sondern sie reflektieren und kritisieren auch die deutsche Sprache als eine Sprache, die ausgrenzt und kaum Raum für eine gleichberechtigte Partizipation bietet. Deshalb eignen sich migrationsliterarische Texte ganz besonders zur praktischen Anwendung des Konzepts des interkulturellen Lernens."[31]

Dabei sollte es nicht nur darum gehen, Daten und Fakten der Herkunftsländer der in Deutschland lebenden Migranten zu vermitteln. Vielmehr sollte die Gefühls- und Denkwelt dieser Migranten im Vordergrund stehen und ihr situationsbedingtes Handeln in der Fremde verstanden werden (Oomen-Welke 1994). Die Realität einer gemischtkulturellen Gesellschaft fordert die Erweiterung der schulischen Lektüreliste um die deutschsprachige Literatur anderer, speziell außereuropäischer Kulturen. Der Deutschunterricht, der sich mit den Lebensräumen der Schüler aller Kulturen befasst, sollte sich nicht nur auf die Literatur der deutschsprachigen Mehrheit beschränken, sondern auch Minderheiten berücksichtigen.

Die Chancen, die die Literatur anderer Kulturen bieten, werden von Seiten der Schule erst seit einigen Jahren erkannt und genutzt. Ein Blick in die Lesebücher der Gymnasien macht deutlich, dass mittlerweile sogar deutsch- und türkischsprachige Literatur türkischstämmiger Autoren vertreten ist (vgl. *Sprachprofi 9*, Oldenbourgverlag, 2002 München, S. 113; *Lesezeichen 8*, Klettverlag, 1999 Leipzig, S. 64/67).

---

[31] Steinmüller, Ulrich (1993): *Deutsch international und interkulturell*. Verlag für interkulturelle Kommunikation, Frankfurt. S. 15.

Seit geraumer Zeit kann man zudem beobachten, dass die Lehrpläne keine verpflichtende Lektüre mehr angeben. Somit können Lehrer aus Auswahllisten bestimmte Werke für ihre Klasse herausgreifen oder durch andere ersetzen. Dies bedeutet für die Gegenwart und Zukunft, dass es im Ermessen der Lehrer liegt, ob im Deutschunterricht interkulturelle Literatur eingesetzt und das interkulturelle Lernen gefördert wird. Fakt ist, dass sich der Deutschunterricht den neuen Perspektiven nicht verschließen darf, sondern sich den Herausforderungen der Kulturbegegnungen stellen muss.

7 Literaturverzeichnis

Primärliteratur:

Engin, Osman: *Ich bin Papst.* In: Engin, Osman (2006): *West-Östliches Sofa. Neue Geschichten von Don Osman.* Dtv Verlag, München.

Ören, Aras: *Made in Germany.* In: Ören, Aras (1983): *Ich anders sprechen lernen. Wörter und Bilder,* Kreuzberger Hefte, Berlin.

Özdamar, E. Sevgi: *Mutterzunge.* In: Özdamar, E. Sevgi (1998): *Mutterzunge.* KiWi Verlag, Köln.

Pazarkaya, Yüksel: *deutsche sprache.* In: Lamprecht, Helmut (1983): *Wenn das Eis geht. Temperamente und Positionen.* Verlag Atelier im Bauernaus, Fischerhude.

Zaimoglu, Feridun: *Der direkte Draht zum schwarzen Mann.* In: Zaimoglu, Feridun (1995): *Kanak Sprak. 24 Mißtöne vom Rande der Gesellschaft.* Rotbuch Verlag, Berlin.

Zaimoglu, Feridun: *Der Wissenhaber verschluckt sich nicht an Klugheit.* In: Zaimoglu, Feridun (2000): *Koppstoff. Kanaka Sprak vom Rande der Gesellschaft.* Rotbuch Verlag, Berlin.

Zaimoglu, Feridun (2000): *Kanak Sprak.* Hörspiel. Der Audio Verlag, Berlin.

Sekundärliteratur:

Ackermann & Weinrich (1986): *Eine nicht nur deutsche Literatur. Zur Standortbestimmung der „Ausländerliteratur".* Piper Verlag, München

Amirsedghi & Bleicher (1997): *Literatur der Migration.* Donata Kinzelbach Verlag, Mainz.

Auer&Müller (2001): *Kanon und Text in interkulturellen Perspektiven: „Andere Texte anders lesen".* Verlag Hans-Dieter Heinz, Akademischer Verlag, Stuttgart.

Bähr, Jürgen (2004): *Bevölkerungsgeographie.* Ulmer Verlag, Stuttgart.

Beisbart & Marenbach (2006): *Bausteine der Deutschdidaktik.* Auer Verlag, Donauwörth.

Bogdal & Korte (2006): *Grundzüge der Literaturdidaktik.* Deutscher Taschenbuch Verlag, München.

Chiellino, Carmine (2000): *Interkulturelle Literatur in Deutschland. Ein Handbuch.* J. B. Metzler Verlag, Stuttgart.

Chiellino, Carmine (2001): *Liebe und Interkulturalität. Essays 1988-2000.* Stauffenburg Verlag, Tübingen.

Duden (2000): *Schülerduden, Literatur. Ein Lexikon zum Deutschunterricht.* Dudenverlag, Mannheim.

Fischer & McGowan (1997): *Denn du tanzt auf einem Seil. Positionen deutschsprachiger Migrantenliteratur.* Stauffenburg Verlag, Tübingen.

Frederking, Monika (1985): *Schreiben gegen Vorurteile. Literatur türkischer Migranten in der Bundesrepublik Deutschland.* Express Edition, Berlin.

Fritz, Jürgen (1980): *Satire und Karikatur.* Westermann Verlag, Braunschweig.

Fritzsche, Joachim (1994): *Zur Didaktik und Methodik des Deutschunterrichts. Band 3: Umgang mit Literatur.* Klett Verlag, Stuttgart.

Hamm, Horst (1988): *Fremdgegangen - freigeschrieben. Einführung in die deutschsprachige Gastarbeiterliteratur.* Königshausen und Neumann Verlag, Würzburg.

Hinnekamp & Meng (2005): *Sprachgrenzen überspringen. Sprachliche Hybridität und polykulturelles Selbstverständnis.* Gunter Narr Verlag, Tübingen.

Hohoff & Ackermann (1999): „Aras Ören". In: Heinz Ludwig Arnold: *Kritisches Lexikon zur deutschsprachigen Gegenwartsliteratur - KLG -* 3/99. Edition Text+Kritik. S. 1-12.

Howard, Mary (1997): *Interkulturelle Konfigurationen: zur deutschsprachigen Erzählliteratur von Autoren nichtdeutscher Herkunft.* Iudicium Verlag, München.

Kammler & Pflugmacher (2004): *Deutschsprachige Gegenwartsliteratur seit 1989.* Synchron Verlag, Heidelberg.

Kämper van den Boogart, Michael (2003): *Deutschdidaktik. Leitfaden für die Sekundarstufe I und II.* Cornelsen Verlag, Berlin.

Kliewer, Annette (2006): *Interkulturalität und Interregionalität.* Literaturunterricht an der Grenze. Schneider Verlag, Hohengehren.

Mein, Georg (2004): „Die Migration entlässt ihre Kinder". In: Kammler & Pflugmacher (2004): *Deutschsprachige Gegenwartsliteratur seit 1989.* Synchron Verlag, Heidelberg.

Oomen-Welke, Ingelore (1994): *Brückenschlag.* Klett Verlag, Stuttgart.

Rak, Frank (2004): „*Es liebe". Die Darstellung zwischenmenschlicher Beziehungen im lyrischen Werk ausgewählter Migrantenautoren und Vorschläge zur Behandlung der Texte im Deutschunterricht.* Finalsatz Verlag, Nürnberg.

Reeg, Ulrike (1988): *Schreiben in der Fremde. Literatur nationaler Minderheiten in der Bundesrepublik Deutschland.* Klartext Verlag, Essen.

Reeg, Ulrike (2003): *Interkulturelle Sprachräume (I). Sprachreflexion und kommunikative Handlungsmuster im Kontext Deutsch als Fremdsprache.* Shaker Verlag, Aachen.

Rösch, Heidi (1992): *Migrationsliteratur im interkulturellen Kontext.* Verlag für interkulturelle Kommunikation, Frankfurt.

Rösch, Heidi (2005): *Kompetenzen im Deutschunterricht.* Europäischer Verlag der Wissenschaften, Frankfurt a. M..

Schader, Basil (2000): *Sprachenvielfalt als Chance: Handbuch für den Unterricht in mehrsprachigen Klassen.* Orell Füssli Verlag, Zürich.

Schaffernicht (1981): *Zu Hause in der Fremde.* Verlag Atelier im Bauernhaus, Fischerhude.

Schuster, Karl (1998): *Einführung in die Fachdidaktik Deutsch.* Schneider Verlag, Hohengehren.

Spinner, H. Kaspar (2001): *Kreativer Deutschunterricht. Identität - Imagination – Kognition.* Kallmeyersche Verlagsbuchhandlung, Seelze.

Steinmüller, Ulrich (1993): *Deutsch international und interkulturell. Aspekte der Sprachvermittlung Deutsch als Zweit-, Fremd- und Fachsprache.* Verlag für interkulturelle Kommunikation, Frankfurt.

Tuschik, Jamal (2003): „Zaimoglu, Feridun". In: *Lexikon der deutschsprachigen Gegenwartsliteratur*, Band 2. Nymphenburger Verlag, München. S. 1364-1365.

Waldmann, Günter (1999): *Produktiver Umgang mit Literatur im Unterricht.* Schneider Verlag, Hohengehren.

Wintersteiner, Werner (2006): *Transkulturelle literarische Bildung. Die „Poetik der Verschiedenheit" in der literaturdidaktischen Praxis.* Studien Verlag, Innsbruck.

Yeşilada, Karin E. (2007): „Feridun Zaimoğlu". In: Heinz Ludwig Arnold: *Kritisches Lexikon zur deutschsprachigen Gegenwartsliteratur – KLG – 6/07.* Edition Text+Kritik. S. 1-22.

Zetzsche, Cornelia (2003): "Pazarkaya, Yüksel"; "Özdamar, Emine Sevgi". In: *Lexikon der deutschsprachigen Gegenwartsliteratur*, Band 2. Nymphenburger Verlag, München. S. 965-966 und S. 953-955.

Etymologisches Wörterbuch Kluge.

Internetquellen:

Tübinger Poetik Vorlesung: Aras Ören, Privatexil. Ein Progarmm.
http://www.konkursbuch.com/html/poetik.html Stand: 20.09.2007

Aras Ören: Deutschsprachige Veröffentlichungen.
http://www.arasoeren.de/?page_id=9 Stand: 20.09.2007

Osman Engin: Biografie.http://www.osmanengin.de/bio_osman.html Stand: 17.06.2007

Spiegel Online: Özdamar dementiert Plagiatsvorwurf.
http://www.spiegel.de/kultur/literatur/0,1518,420334,00.html Spiegel Online 8.06.06, Stand: 23.06.07

Das Gymnasium in Bayern: Lehrplan.http://www.isb-gym8-lehrplan.de/, Stand: 25.09.2007

8. Anhang

Aras Ören: Made in Germany

Ich liebe Dich
Ich liebe Dich
Ich liebe Dich
Du liebst mich nicht
Ich brauche Dich
Ich brauche Dich
Ich brauche Dich
Du brauchst mich auch

[aus: Ören, Aras (1983): *Ich anders sprechen lernen. Wörter und Bilder*, Kreuzberger Hefte, Berlin]

Yüksel Pazarkaya: deutsche sprache

die ich vorbehaltlos liebe
die meine zweite heimat ist
die mir mehr zuversicht
die mir mehr geborgenheit
die mir mehr gab als die
die sie angeblich sprechen

sie gab mir lessing und heine
sie gab mir schiller und brecht
sie gab mir leibniz und feuerbach
sie gab mir hegel und marx
sie gab mir sehen und hören
sie gab mir hoffen und lieben
eine welt in der es sich leben läßt

die in ihr verstummen sind nicht in ihr
die in ihr lauthals reden halten sind nicht in ihr
die in ihr ein werkzeug der erniedrigung
die in ihr ein werkzeug der ausbeutung sehn
sie sind nicht in ihr sie nicht
meine behausung in der kälte der fremde
meine behausung in der hitze des hasses
meine behausung wenn mich verbiegt die bitterkeit
in ihr genoß ich die hoffnung
wie in meinem türkisch.

[aus: Lamprecht, Helmut (1983): *Wenn das Eis geht. Temperamente und Positionen*. Verlag Atelier im Bauernhaus, Fischerhude]

Emine Sevgi Özdamar: Mutterzunge

In meiner Sprache heißt Zunge: Sprache.

Zunge hat keine Knochen, wohin man sie dreht, dreht sie sich dorthin.

Ich saß mit meiner gedrehten Zunge in dieser Stadt Berlin. Negercafé, Araber zu Gast, die Hocker sind zu hoch, Füße wackeln. Ein altes Croissant sitzt müde im Teller, ich gebe sofort Bakshish, der Kellner soll sich nicht schämen. Wenn ich nur wüßte, wann ich meine Mutterzunge verloren habe. Ich und meine Mutter sprachen mal in unserer Mutterzunge. Meine Mutter sagte mir: „Weißt du, du sprichst so, du denkst, daß du alles erzählst, aber plötzlich springst du über nichtgesagte Wörter, dann erzählst du wieder ruhig, ich springe mit dir mit, dann atme ich ruhig." Sie sagte dann: „Du hast die Hälfte deiner Haare in Alamania gelassen."

Ich erinnere mich jetzt an Muttersätze, die sie in ihrer Mutterzunge gesagt hat, nur dann, wenn ich ihre Stimme mir vorstelle, die Sätze selbst kamen in meine Ohren wie eine von mir gut gelernte Fremdsprache. Ich fragte sie auch, warum Istanbul so dunkel geworden ist, sie sagte: „Istanbul hatte immer diese Lichter, deine Augen sind an Alamanien-Lichter gewöhnt." Ich erinnere mich noch an eine türkische Mutter und ihre Wörter, die sie in unserer Mutterzunge erzählt hatte. Sie war eine Mutter von einem im Gefängnis in der Nacht nicht schlafenden Jungen, weil er wartete, daß man ihn zum Aufhängen abholen wird. Diese Mutter sagte: „Ich kam aus dem Krankenhaus vor elf Jahren. Ich hab gesehen: der Garten war voll mit Polizisten, mein Kopf ist aus seinem Platz gesprungen, ich hab Nachbarn gefragt. Wahrscheinlich sind die hier für deinen Sohn, haben sie gesagt. Ich bin in den Garten gegangen, zu dem ersten Polizisten. Warum bist du in meinen Garten reingekommen, hab ich gesagt. Dein Sohn ist geschnappt worden, hat er gesagt. Warum soll mein Sohn geschnappt worden sein, hast du überhaupt Hausdurchsuchungspapier, habe ich gesagt, ich bin Analphabet. Er sagte ja. Also gehe ins Haus, such, hab ich gesagt. Das Haus wurde so voll mit ihnen, ich habe auf meinen Beinen gesessen, bin da geblieben, als ich fragte, was ist mit meinem Sohn, haben die gesagt. Dein Sohn ist Anarchist.

Diese Mutter wusste nicht, wie viele Male sie seit elf Jahren geweint hatte, sie fiel zwei Mal auf ihre Knie, einmal wie sie ihren Sohn im Gefängnis zum ersten Mal sah und nicht wieder erkennen konnte. Ein zweites Mal, als er das Wort „Aufhängen" im Stehen hören musste.

„Ich bin nie zum Gericht gegangen, letztes Gericht, die Richter werden sprechen, haben sie gesagt. Sein Vater ist hingegangen, kam zurück, als er durch die Tür reinkam, sah ich es in seinem Gesicht, die Nachbarn sind alle hinter ihm her, wir haben zusammen geweint, unser Hodscha von Gassenmoschee ist auf seinen Knien wie ein halber Mensch gestanden, geweint, der Aschenbecher, der so dick wie zwei Finger war, ist an dem Tag von seiner Mitte in zwei Teile gesprungen, ich hab ein ‚Schascht' gehört, der Aschenbecher lag gerade vor mir."

Dieser Sätze, von der Mutter eines Aufgehängten, erinnere ich mich auch nur so, als ob sie diese Wörter in Deutsch gesagt hätte.

Die Schriften kamen auch in meine Augen wie eine von mir gut gelernte Fremdschrift. Ein Zeitungsausschnitt. „Arbeiter haben ihr eigenes Blut selbst vergossen." Streik war verboten, Arbeiter schneiden ihre Finger, legten ihre Hemden unter Blutstropfen, in das blutige Hemd wickelten sie ihr trockenes Brot, schickten das zum türkischen Militär, an das erinnere ich mich auch, als ob diese Nachricht vor einer Trinkhalle in mehreren Zeitungen gestanden ist, man sah es beim Vorbeigehen, fotografiert, läßt es fallen.

Wenn ich nur wüßte, in welchem Moment ich meine Mutterzunge verloren habe. Ich lief einmal in Stuttgart um dieses Gefängnis da, da war eine Wiese, nur ein Vogel flog vor den Zellen, ein Gefangener im blauen Trainingsanzug hing am Fenstergitter, er hatte eine sehr weiche Stimme, er sprach in derselben Mutterzunge, sagte laut zu jemandem: „Bruder Yashar, hast du es gesehen?" Der andere, den ich nicht sehen konnte, sagte: „Ja, ich hab gesehn."

Sehen: *Görmek*

Ich stand auf der Wiese und lächelte. Wir waren so weit weg voneinander. Sie sahen mich wie eine große Nadel in der Natur, ich wußte nicht, was sie meinten mit Sehen, war ich das oder ein Vogel, von einem Gefängnis aus, kann man nur sehen, fassen, fühlen, fangen. Pflücken, das gibt es nicht.

Görmek: Sehen

Ich erinnere mich an ein anderes Wort in meiner Mutterzunge, es war im Traum. Ich war in Istanbul in einem Holzhaus, dort sah ich einen Freund, einen Kommunisten, er lacht nicht, ich erzähle ihm von jemandem, der die Geschichten mit seinem Mundwinkel er-

zählt, oberflächlich. Kommunist-Freund sagte: „Alle erzählen so."
Ich sagte: „Was muss man machen, Tiefe zu erzählen?" Er sagte:
„*Kaza gecirmek*, Lebensunfälle erleben".
Görmek und *Kaza gecirmek*

Noch ein Wort in meiner Mutterzunge kam mal im Traum vorbei.
Ein Zug fährt, hält, draußen Verhaftungen, Hunde bellen, drei Zug-
kontrolleure kommen, ich überlege mir, ob ich sagen soll: „Ich bin
Italienerin." Meinen Pass, in dem Beruf *ISCI* (Arbeiter) steht, will
ich verstecken, ich denke, wenn ich mich als Studentin oder als
Künstlerin ausweisen kann, komme ich durch die Kontrolle durch,
da ist eine Fotokopiermaschine groß wie ein Zimmer, sie druckt ein
sehr großes Selbstporträt von mir als *ISCI* raus.
Görmek, *Kaza gecirmek*, *ISCI*.

Ich saß mal im IC-Zugrestaurant an einem Tisch, an einem anderen
saß ein Mann, liest sehr gerne in einem Buch, ich dachte, was liest
er? Es war die Speisekarte. Vielleicht habe ich meine Mutterzunge
im IC-Restaurant verloren.

Ich konnte am Anfang hier den Kölner dom nicht angucken. Wenn
der Zug in Köln ankam, ich machte immer Augen zu einmal aber
machte ich ein Auge auf, in dem Moment sah ich ihn, der Dom
schaute auf mich, da kam eine Rasierklinge in meinen Körper rein
und lief auch drinnen, dann war kein Schmerz mehr da, ich machte
mein zweites Auge auch auf. Vielleicht habe ich dort meine Mutterzunge verloren.

Stehe auf, geh zum anderen Berlin, Brecht war der erste Mensch,
warum ich hierher gekommen bin, vielleicht dort kann ich mich
daran erinnern, wann ich meine Mutterzunge verloren habe. Auf
dem Korridor zwischen zwei Berlin eine Fotomaschine.

Ich bin am Berliner Ensemble, Kantine.

Meine Stiefel knirschen wie von einem Werbefilmcowboy. Die Kan-
tinenarbeiter rauchen, reden über Töpfe und Teller, draußen warten Bierfässer, Gasflaschen, jeder redet über Arbeit.

Steh auf. Geh auf Fingerspitzen in die Türkei, in einem Diwan sitzen, Großmutter neben mir. In Istanbul im Türkischen Bad sitzen.
Die Zigeunerbadearbeiterinnen werden mich waschen. Ein Nutten-

bad war es, mich wusch mal eine Zigeunerin, sie fragte mich: „In welchem Haus arbeitest du, meine Schöne?"

Ich arbeitete in der Kommunistischen Commune, ein Tag kam die Polizei, ich war das einzige Mädchen, der Kommissar fragte mich: „Diese Kerle hier, laufen die alle über dich?" Ich sagte: „Ja, sie alle laufen über mich, aber laufen vorsichtig."

Kommissar sagte: „Hast du kein Herz für deinen Vater, ich hab auch eine Tochter in deinem Alter, Allah soll euch alle verfluchen Inschallah."

In den Polizeikorridor haben die auch den Bruder von Mahir gebracht, Mahir, der in den Zeitungen als Stadtbandit bekannt gemacht war. In den Tagen hatten sie Mahir mit Kugeln getötet. Mahirs Bruder saß da, als ob er in seinem Mund was Bitteres hatte und es nicht rausspucken konnte, er hatte ein sehr dünnes Hemd, ich hatte einen schwarzen Pulli mit Hochkragen.

„Bruder, zieh es an." Mahirs Bruder sah mich an, als ob ich eine fremde Sprache spreche. Warum steh ich im halben Berlin? Geh diesen Jungen suchen? Es ist siebzehn Jahre her, man hat ihnen die Milch, die sie aus ihren Müttern getrunken haben, aus ihrer Nase rausgeholt.

Ich werde zum anderen Berlin zurückgehen. Ich werde Arabisch lernen, das war mal unsere Schrift, nach unserem Befreiungskrieg, 1927, verbietet Atatürk die arabische Schrift und die lateinischen Buchstaben kamen, mein Großvater konnte nur arabische Schrift, ich konnte nur lateinisches Alphabet, das heißt, wenn mein Großvater und ich stumm wären und uns nur mit Schrift was erzählen könnten, könnten wir uns keine Geschichten erzählen. Vielleicht erst zu Großvater zurück, dann kann ich den Weg zu meiner Mutter und Mutterzunge finden.

Inschallah.

In Westberlin gebe es einen großen Meister der arabischen Schrift.

Ibni Abdullah.

[aus: Özdamar, E. Sevgi (1998): *Mutterzunge*. KiWi Verlag, Köln]

Osman Engin: Ich bin Papst

Frau Kottzmeyer-Göbelsberg und ich trennen uns!

Meine Lebensabschnittspartnerin von der Ausländerbehörde wird heute hoffentlich das Dokument unterschreiben, dass unsere langjährige innige Beziehung endgültig beendet.Nach Jahrzehnten des Rackerns und Ackerns, Kommens und Gehens, Tränen und Sirenen hängt heute alles von einem einzigen, letzten Deutsch-Lese-Test ab. Als ein rückständiger Türke bin ich hier hergekommen, aber mit Allahs Hilfe und Frau Kottzmeyer-Göbelsbergs Erlaubnis werde ich diesen Raum als moderner Deutscher verlassen. Vor Aufregung habe ich die ganze Woche kein Auge zumachen können, und bin froh, dass der grausame Spuk heute endgültig vorbei sein wird.Viele meiner deutschen Freunde, unter anderem der Abdullah, der Sadullah und Beytullah trösteten mich damit, dass ich nach ein paar Tagen wieder normal essen, denken, schlafen und zur Arbeit gehen kann. Ich weiß nicht, ob Sie es schon an den Namen gemerkt haben, aber Abdullah, Sadullah und Beytullah sind auch keine 100-Prozentige reinrassige Deutsche. Aber durch die Drei hat sich die Zahl meiner deutschen Freunde und meine Akzeptanz in der deutschen Gesellschaft buchstäblich verdreifacht. Erschrocken zucke ich auf dem Stuhl zusammen, als Frau Kottzmeyer-Göbelsberg wie immer schlecht gelaunt ins Büro kommt und energisch die Tür zuknallt. „Was du wollen? Du Asyl?" „Nein, ich Osman!" „Du wollen deutsche Pass?" „Ja, ich wollen!" „Aber du kein Deutsch können!" „Richtig! Ich hier nicht Deutsch können. Aber außerhalb der Ausländerbehörde, also da wo man mich nicht dazu zwingt, dieses Tarzan-Deutsch zu verwenden, da spreche ich unter Umständen schon einigermaßen gutes Deutsch. Wenigstens kann ich mich im Alltag so artikulieren, dass ich mich soeben über Wasser halten kann. Aber wesentlich relevanter ist es nun einmal, wie Sie, liebe Frau Kottzmeyer-Göbelsberg, nach all meinen Konsultationen in den vergangenen Jahrzehnten in ihrer hochgeschätzten Behörde, meine aktuelle Sprachkompetenz beurteilen!" „Ich dich nicht verstehen!" „Ich schuld, ich nicht sprechen gut Deutsch wie Sie! Aber ich gut lesen, bitte heute machen Test." Frau Kottzmeyer-Göbelsberg macht die Schublade auf und knallt mit der Bildzeitung auf den Tisch. Um zu testen, ob die heutige Ausgabe ihren Anforderungen genügt, macht sie sich erst mal selbst über die Prüfungsdokumente her. Ich halte diese Spannung nicht mehr aus und lese die ganze erste Seite in einem Atemzug laut vor: „Wir sind Papst!"„Du nicht Papst! Wir sind Papst!" weist sie mich knallhart zurecht. „Mit Allahs Hilfe ich gleich auch Papst." „Nein, du bestenfalls Ayatollah!" „Ich will endlich lesen. Damit man mir wegen diesem Formfehler später nicht den Pass entziehen kann! Geben Sie mir wenigstens den Sportteil!" „Nix Sportteil! Hier in Akte steht, du haben schon über zehn Bücher geschrieben. Also wirst du auch lesen können! Hier hast du Pass! Und raus mit dir!" Bei Allah, die deutschen Beamten sind auch nicht mehr das, was sie früher mal waren!

[aus: Engin, Osman (2006): West-Östliches Sofa. Neue Geschichten von Don Osman. Dtv Verlag, München]

Feridun Zaimoglu: Der direkte Draht zum scharzen Mann
Ali, 23, Rapper (von „da crime posse")

Im anfang der rap-times stand wie ein göttlicher koloß und makellos zulu nation, der mc-parties schmiß, den besten body im saal zu wählen, und dieser jener war dann der king des abends, damit begann die eigentliche ära, weil der ring freigegeben nun den dancern offenstand, und hier konnte man sich messen mit dem bruder ohne blutvergießen und ollem groll, und keiner musste um sein heil bangen oder verrecken, wie hunde es tun an räude. Die pralle schose hatte also man an fahrt gewonnen und ging über in den partyswing, wo scharen zur großen feier zusammenkamen, dutzende und aberdutzende unter der hellen rap-kuppel. Grandmaster flash tat den ersten schritt zur politik, zum inhalt, mit „the message", das war der segensreiche durchbruch, absolutes kultanliegen. Mit public enemy glomm die wahre kulturepoche auf, kultur deshalb, weil die information an das volk über die mundaussage ging, der direkte draht zum schwarzen mann, und wenn du dir überlegst, dass im yankeeland lesen und schreiben schon´n luxus ist für die meisten in den ghettos, wirst du wissen, was für´n wert das hatte mit der gerapten message, es ist, als würd man ne laufende bilderwelt schaffen, und dafür sorgen, dass das volk auch die ollen augen aufreißt und sichergeht, dass ihm auch kein fitzel klärung entgeht. Chuck d von public enemy brachte eben ne ordentliche runde aufklärung in die gemeinde, er sprach davon dass die welt im argen liegt, weil wir schief gewickelt sind, weil´s an uns liegt, stolzes herz und freien geist und ungetrübten blick zu haben, und dass wir sehen lernen müssen, was kern ist und was hülle. Der sound besteht aus krawall und city-hektik, zu tosendem klang und stadtgebrüll und gellendem misslaut hackt er den knallharten text ab. Klar, bruder, daß die bewegung überschwappte über den großen teich und uns ergriff wie ne gottverdammt heiße offenbarung, so ende 83 hat´s mich denn auch erwischt, wie ich noch als jungblutengel durchs viertel kackstelzte, in so ner schmorigen unruhe gehalten, und ich nahm gleich auch den guten kodex an, der da heißt: wirf dein leben nicht weg, wenn du echt bronx sein willst, pfoten weg von dem, was dich und die gemeinde schwächt, no drugs, no crime, und stärke und respekt vor schwestern und brüdern, und schutz nur in der gemeinschaft derer, die sich clean halten aus purer überzeugung.

Natürlich denken sich viele, mann, der typ ist der reinste prediger, soll der sich man in ne mönchsklause verziehn, aber, bruder, das is´n fetter strang, an den ich mich klammere, und um mich rum seh ich lose tote enden, und an den stricken reißt´n puppenspieler, der da heißt verderben und blut auf den straßen, und deine gang gegen meine, und ich seh, wie´n schuß fällt und der nächste schuß und dann is es ne stalinorgel, die meine leute niedermäht. Da nehm ich doch in kauf, daß mich manche für´n ollen möch halten.

Also 83 gings los mit der gruppe rocksys, danach the fantastic devils, ne reine und muß schon sagen fett bekannte tanzgruppe. 88/89 haben wir dann da crime posse gegründet, was soviel heißt wie „kriminelle vereinigung", und jetzt muß ich doch´n paar trakte meinung kundtun, wieso vor gott dem herrn wir unsere gruppe ausgerechnet so und nicht anders getauft haben. Wir sind sowas wie kopfgeldjäger, wir jagen die kids auf den straßen, wir angeln sie, wir zerren sie aus dunst und nebel, und wir müssen ihnen mir der harten sprache kommen, weil sie tag und nacht umlagert sind von menschlichem müll, wir müssen sie anbrüllen, daß sie diese gottverschissenen spritzen und das elende banditengegockele sausen lassen, wir müssen ihnen klare parolen bieten, wir müssen zuhälter und dealer und autoknacker und kiffer und drücker und glücksspieler und gewaltbereiten überschreien. Wir müssen interesse wecken und wir müssen um jeden preis einen rauen und prächtigen sound bieten, der sie vom sockel haut. Das geht nur, wenn du vorbild bist und dieses altmodische wort tugend schmackhaft machst wie ne olle hostie mit erdbeergeschmack. Wir ködern die kids mit der rüden etikette, und wenn die zu uns überlaufen, geben die von selbst ihre grundfalsche haltung auf und bleiben sauber und scheißen auf gewalt. Und ich sage dir, bruder, da laß ich mich sogar als hundesohn beschimpfen, wenn ich dafür einen kümmel von der straße wegkriege.

Ich bin im opernhaus als sänger und tänzer in dem stück west side story aufgetreten, und mit der gage hab ich die anlage und den ganzen kram, den du hier siehst, gekauft, und ich erwähn das hier an dieser stelle nicht, um anzuzeigen, was für'n toller wilhelm ich bin, aber weil die brüder wissen sollen, daß man schon ne ordentliche strecke gehen kann, ohne daß der gang mühsal und schräge nummern bergen muß. Wichtig ist der gemessene schritt, als würd'n zirkel einen seiner schenkel vorschicken, um'n gebührenden kreis zu stricheln, und was innen ist, widerstrebt nicht dem halt und will nicht aus prallgepapptem gefüge in die kalten distrikte, wo's recht unzählige punkte gibt, die olle zirkelspitze reinzubohren. Da steht man also wie'n grüner pfadfinder und weiß nicht, welchen punkt man anbohren soll, und auf welchen punkt man nun bringen soll das strebige verlangen. Verlangen nenn ich den willen zu ner grundreinen nummer ohne die übliche trübmasse, sowas wie ne endstation, wo der heimstein nicht zertrümmert wird durch unbefugte hand, und es gibt der hände viele, die dazwischengeraten und an fremder leute siebensachen nesteln, das sage ich dir. Mein ureignes tun und lassen will ich geadelt wissen, und der adel soll aus gutem stoff sein und nicht abstehn wie'n verwachsener nagel.

Ich weiß, daß ne elite sein muß aus verläßlichen, die den fatalen junk ablegen und sich ans ungeschriebene abkommen halten, weil es ja in fakt um ihre leicht zerschrammte kümmelpelle geht, um den grips, den man wie's die mode will vor die bulligen hunde wirft, die elite, bruder, is ne wasserdichte pechversiegelung in puncto oberdogma, das da zu dir spricht: tu nix unter deinem wert, tauch nicht auf und bleib man underground, weil oberwasser scharf geballert wird. Elite hat was mit dem gefassten beschluß zu tun, in eigener sache zu üben, und der joke unter einigen wenigen ist allemal verschärfter als das laue treiben mit dem pack. Die beiden parteien standen sich doch immer gegenüber, die meisten haben mit'm mob parkiert und reibach gemacht, derweil es andere dazu trieb aus ekel und widerwillen vorm schmutzigen gemeingut, nach innen abzuwandern und'n schön korrekten distrikt zu schaffen. Das ist so, als würdest du ne bärenhöhle abseits von der city beziehen, um deine auffällige spur zu verwischen.

Der einheimische hat für'n kümmel ja zwei reservate frei: entweder bist du'n lieb-alilein, 'n recht und billiger bimbo eben, der doch wunderschön seine kopfsteuer an'n staat blecht und die pranken in'n schoß bettet, 'n blechkamerad mit'm kopp in der schlinge, und denn warten auf'n magischen akt, auf'n madonnenwunder. Da kommen denn die förderfreunde und geben die'n klaps auf die schulter, und die sagen dir: mann, das betrifft mich jetzt volle kante, dass du'n armes schwein bist. So'n lieb-alilein ist der wahre kanake, weil er sich dem einheimischen zwischen die ollen arschbacken in den kanal dienert, und den kakaoüberzug als ne art identität pflegt. `n kanake is so was wie ne rothaut, die man mit bunten glasperlen und feuerwasser bescheißt, und der grient dazu wie'n tourist auf'm schnappschußfoto. Dann gibt's noch'n zweites reservat, in dem der fremdländer den part des verwegenen desperados übernimmt, ein richtiger mannskerl eben, der wie'n blitz aus der hüfte schießt, und sonst auch'n feiner stecher is, und in diesem reservat lümmeln sich die goldkettchen-bimbos und die schneuzerkümmel und machen jagd auf blonde weibchen, weil die krücken brauchen und jede menge stützgeräte, um auf den beinen zu bleiben. In beiden fällen, bruder, wirst du als luschengaul ins tote rennen geschickt, und du mußt da auch nicht die zielgerade erreichen, wichtig ist nur, dass du deine meilen lahm abtrabst, und dann steckt man dir mürbe zuckerwürfel ins maul und krault dich herrisch an der mähne.

`n letzten ton will ich noch loswerden: so in einem halben jahr ist es raus, ob die musik ne zukunft birgt, und wenn nicht geh ich zu den bullen. Das vertret ich vor den brüdern so, daß ich für ne unbedingte teilnahme plädiere, es ist ja ne leichte sache, so aus'm sicheren abstand falsches verhältnis zu bemeckern, ich zier mich da nicht, und groß anstellen brauch ich mich ja auch nicht, weil meinetwegen würd ich, wenn ich'n drogendealer zu fassen krieg, den ganz sicher nicht laufenlassen, den würd ich mit eiserner kralle an seinem schmierigen scheitel packen, und ab ging's ins revier. Für viele ist der schmutz auf den straßen die reinste mystik, ich aber weiß, daß es schlammplacken gibt, die im ruhigen wasser wie verruchte barken dümpeln, und zwei dinge kommen da in frage als gegenwehr: die reine lehre und der harte griff! Wer lehre und griff nicht annimmt ist wehrlos, dem sickert der üble notstand ein, so daß er in ner miesen alten haut steckt, aus der gibt's kein entrinnen, kein ammenwunder hilf dich häuten, wenn du plärrst vor schmerz. Raue schale mit weichem herz, das muß.

[aus: Zaimoglu, Feridun (1995): *Kanak Sprak. 24 Mißtöne vom Rande der Gesellschaft*. Rotbuch Verlag, Berlin]

Feridun Zaimoglu: Der Wissenhaber verschluckt sich nicht an Klugheit
Necla Hanim, 63, Putzfrau

> *Lesung in einer Gesamtschule. Necla Hanim wischt den Flur. Sie wünscht mir auf dem Weg zum Lesesaal gutes Gelingen. Ein paar stunden später treffe ich sie zufällig am Ausgang. Sie wird gerade von ihrer Tochter abgeholt. Sie laden mich zu sich nach Hause auf Tee und Kurabiye (Trockengebäck) ein. Dort sage ich ihr, dass es mir eine Ehre wäre, sie erzählen zu lassen.*

Nichts zu melden, kein Handschlag zu tun, Wasser, so wie sie flossen, fließen zu lassen, und wenn sie in andere Betten fließen, Flußbett Gott zu überlassen, der Wasserverläufe wie Striche einkerbt ins Dürre und in unsere Köpfe Wirrwarr setzt, damit wir falsch werden, weil dann unser kluger Kopf krüppelt von soviel freier Sicht und nackter Sicht und unverhüllter Sicht. Mundhalten ist mein Gang der Dinge, mit Mundzu gab man mir den Verweis, und ich mischte nichts rein, ich griff nicht zu, ich machte aus meinem Fleisch nur den Arbeitsknecht, der fein ist in Reinemache: Feudel ins Wasser tauchen, Feudel vom Dreck der Schuhe freiwringen, Feudel um gestielte Besen legen, Feudel über Böden ziehen. An nassem Feudel bleibt der Dreck kleben, akıllı oğlum, und das nur, weil ein Stück Fetzen mit klarem Wasser vollgesogen und weil Stück Fetzen nix anderes tut als über Schmutz, den offenbaren und versteckten, zu kommen wie ein Scheytan.

Güzel oğlum, bunu anlaman lazım, alles, was du tust, tust du in einem Zeichen, und das Zeichen erscheint den anderen wie dein ganz besonderes Zeichen, womit sie dich und deine Worte und dein Mundzu verbinden. Am Ende steht ihr Schlauwerden aus dir, sie sagen über dich, was sie als Zeichen erkannt haben, und meist ist ihre Mißgunst das Zeichen. Aber hör sie nur reden über mich: Sie ist eben eine einfache Frau, sie tut ihre Arbeit gewissenhaft, sie versteht ein bißchen Deutsch, man muß sich nur ganz langsam mit ihr unterhalten. All ihre nicht schönen Behauptungen über mich, ich bin also die Zeugin meines Bildes, des Bildes von mir, das man in einem Museum ausstellen kann wie all diese wild gekrakelten Kunstwerke, denn das Zeichen des Museums ist es ja, starrzumachen, damit die Dinge nicht flüchten können aus toter Luft. Ich verstehe ihre Augen ganz genau, ganz genau kenne ich ihr Schlauwerden über mich: die dicke unförmige Putzfrau, die genau befolgt, was man ihr aufgetragen hat: Nicht mehr als zwei Kappen Reinigungspulver in den halbwasservollen Eimer, das hat sie also doch verstanden, wir können uns über unsere Türkin nicht beklagen. Mein Zeichen ist ganz starr. Auch wenn anderer deutscher Frauen Kittel bunt sind, bin ich das geblümte Täntchen. Güzel oğlum, bunlar ıslah olmazlar. Wir aber, wenn wir in guter Runde sind unter uns, sagen: Ich habe soundsoviel Almanya auf dem Buckel, und soundsoviel Tonnen Almanya ziehen an mir, und ich werde das Gewicht künftig nicht loswerden können: Eines jeden Los ist das, was er an von der Hand in den Mund einnimmt, was er an Los frißt, und dieses Los macht deine Zellen zu lustlosen Gummitieren, zum Scheytanstoff in gottgeschaffener Seele, die mehr und mehr zum Schmutzfresser wird. Wir fressen Dreck, und schmecken tat er uns nie.

Sanft und Heißblut, Dumm und Dreist, Schön und Tier, Löwe und Lümmel sind sich hier versöhnlich, sind sich verschwistert und verschwägert und brüllen: Was gemeinsam tun, was nur? Doch wenn man sie in ein Kessel wirf, werden bestimmt nicht sie zusammen zum guten Brei kochen wollen, das sei von mir gesagt.

Der Spießgesell ans Herz gedrückt ist ein Unrecht, und egal, ob du Mütterchen bist oder altes Aas, deinen Schrecken kannst du ihm nicht recht machen: dem Spießgesell. Kippenkalt, so wie all diese zerdrückten Sigaras, kippenkalt also begegnen sie sich, und du siehst diese Scheinherzbegrüßung, und du siehst Zerstrittene ihr Friedensbier trinken und über Unkomisches laut mundreißen, und du hörst, daß sie jeden und alle in ihren Freundeskreis bitten. Da möchte ich hingehen und sagen: Wirres Kind aus gutem Haus, siehst du nicht wenigstens in der Regenpfütze dein Spiegelbild? Wer hat Kindes Herz Greuel gelehrt? Wie hat man dich zum Giftnapf gelockt?

Ist Mensch Gehör geschenkt, hält er inne, lauscht. Dann liegt es an ihm zu wissen, und er weiß mit der Zeit, dass der Donner grollt und daß der Fels ein Körper aus vielem Stein ist und daß es in der Stadt Tore gibt einzutreten oder rauszugehen.

Und doch bin ich in ihren Augen eine Dorfvettel, die Gammelhex, die Blei gießt und aus kalten Klumpen seltsame Bewandtnis liest. Ich bin nichts Aufregendes, und die Fehler, die sie machen, sind ihre Fehler. So denken sie: Die Putzfrau, wenn sie den Mund aufmacht, stinkt sie nach Moral. Sie soll lieber ein paar Pfunde abnehmen, sie soll sich besser anziehen und das Geblümte für immer über die Kleiderstange stülpen. Sie soll ihrem Mann nicht mehr gehorchen, obwohl der Mann doch mit dem Alter immer mehr seiner Frau gehorcht. Was will ich mit fast sechzig das Gesicht pudern oder mir die Lippen schmieren mir Rot. Ich gefalle meinem Mann auch so, wie ich bin, und er rührt keine andere Haut an als meine. Was diese Menschen als erledigt ablegen, ist nicht erledigt. Es überfällt sie nur Langeweile, und die Sache wird zum Kram, den sie wegstellen, und es ist dieses Weglegen, das sie verrät. Denn sie wollen immer als neu und unangetastet gelten und machen doch alt und tasten mit fiebrigen Fingern. Güzel Oğlum, bunlar üst perdeden konuşur, ben bunların gözünde pacasi düşüğün tekiyim, und daß ich über diesen Hämehaufen weiß und still bin, ohne mich zum Katerbuckel zu sträuben, ohne mich zu stellen dagegen, hat guten Grund: Der Wissenhaber verschluckt sich nicht an Klugheit, er denkt, daß die Zeichen, die man anderen wie Orden anheftet, eigentlich Fluch und Verwünschung sind. Und so bin ich auch nur Speiser von wenigen Wissenskrümeln und möchte nicht fluchen und nicht verwünschen. Mein Bauch um den Nabel ist schrumpelig wie der Fuß eines alten Elefanten. Meine Zunge paßt nicht in diese Zeit. Und so lege ich den geblümten Kittel an und scheuere den Boden und bin doch nicht das Bild und die Bilder der anderen.

[aus: Zaimoglu, Feridun (2000): *Koppstoff. Kanaka Sprak vom Rande der Gesellschaft*. Rotbuch Verlag, Berlin.]